融合教育实践系列

The Principal's Handbook
for Leading
INCLUSIVE SCHOOLS

融合教育学校校长手册

［美］朱莉·考斯顿（Julie Causton, Ph.D.）
［美］乔治·西奥哈瑞斯（George Theoharis, Ph.D.） 著

邹蜜 译

华夏出版社
HUAXIA PUBLISHING HOUSE

推荐语

这本书充实了与融合教育学校相关的专业文献，提供了以研究为基础的实用信息，其中涉及与支持融合教育学校发展相关的一系列主题，都是最基础和最细节的内容。

——詹姆斯·麦克莱斯克（James McLeskey，Ph. D.）
佛罗里达大学教育学院，特殊教育、学校心理学和幼儿教育系教授

这本书终于出版了！这是一本给管理者的书，它不仅讲述了校长在建设融合教育学校时该有的价值观，还介绍了许多实践经验，是一本与时俱进、富有远见的参考用书。最重要的是，它为从业者带来信心。这本书应该放在每一位学校领导者的案头。

——葆拉·克拉思（Paula Kluth，Ph. D.）
《"你会爱上这个孩子的！"》的作者

本书以简洁明了的语言，抓住了校长领导力的精髓。……作者们通过这本书与校长们对话，而不是单方面地讲述。

——迈克尔·麦克希汉（Michael McSheehan），临床助理教授
新罕布什尔大学国家融合教育中心，沟通科学与障碍项目主任

如果有校长（或其他学校管理者）想获得一些关于如何有效实施融合教育的实践建议，这本书将提供答案！

——卡罗尔·夸克（Carol Quirk，Ed. D.）
马里兰州融合教育联盟，联合执行主任

这是一本直截了当、切合实际且充满力量的指南，帮助校长着手改变校园文化，完成从"打造融合"到实现融合的转变。

——琳达·K. 卢埃林（Linda K. Llewellyn）
霍默中心学区教学主任

谨以此书献给艾拉（Ella）和萨姆（Sam），
是你们给我们带来了无法估量的快乐，
推动我们成为更强大、更善良的人，激励我们把一切做得更好。

致　　谢

朱莉的致谢

这是一本关于领导力的书——逻辑缜密、想象丰富、高瞻远瞩、热情澎湃的领导力。这样的领导力可以带领人们发挥自己的全部潜能，成为最好的自己，做自己最擅长的工作。这本书呼吁在学校建立不同的模式，以此让每一个人都可以获得支持，而这正是学生进行有效学习的关键。在从事这份事业的过程中，持续给予我们动力的是一个美好的愿景——为所有孩子提供有意义的、落到实处的融合教育。

我发自内心地认为，如果没有我在职业道路上遇到的每一位领导者，就不会有这本书，也不会有我的职业生涯。我要感谢的人有很多——学生、老师、学者、家人和朋友。在写这本书的过程中，他们给了我很多指引，有些是有形的，有些则是无形的。很多人让我看到了写这本书的意义，帮我开阔思路，给我坚持下去的信心，感谢他们。

感谢我的学生：这些年我教过的学生有很多，每位学生都教会了我一些东西。我尤其要感谢那些让我不得不换一个角度思考的学生，他们是：切尔西（Chelsea）、乔利安（Joryann）、里基（Ricki）、乔希（Josh）、莫厄（Moua）、布雷特（Brett）、肖尼（Shawnee）、亚当（Adam）、特雷弗（Trevor）和盖布（Gabe）。

感谢我的搭档：我的朋友凯茜·克兰德尔（Kathie Crandall）让我明白，开怀大笑是最能代表学习状态的表现了。

感谢我的老师：卢·布朗先生（Lou Brown），在我的职业生涯中，他对融合教育的坚定信念一直激励着我；艾丽斯·乌德瓦里－索尔纳女士（Alice Udvari-Solner），我能坚持下去，得益于她的睿智、远见、创意及对所有孩子的责任心。这本书的方方面面都受到了他们的深远影响。还要感谢金伯·马尔姆格伦（Kimber Malmgren）和科林·卡珀（Colleen Capper），承蒙二位老师的指导，才有了我的教育事业。

感谢我的朋友和同事：切尔茜·特蕾西-布朗森（Chelsea Tracy-Bronson）、克里斯蒂·阿什比（Christy Ashby）、沙伦·多特哲（Sharon Dotger）、葆拉·克拉思（Paula Kluth）、帕特里克·施瓦茨（Patrick Schwarz）、米夏埃尔·詹格雷科（Michael Giangreco）、道格·比伦（Doug Biklen）、科琳·罗思·史密斯（Corrine Roth Smith）、贝丝·费里（Beth Ferri）、托马斯·布尔（Thomas Bull）、科里·伯迪克（Corrie Burdick）、梅根·科西尔（Meghan Cosier）、塔拉·阿福尔特（Tara Affolter），以及史蒂

夫·霍夫曼（Steve Hoffman），他们帮助我度过每一天并提醒我，生活远远不止工作。还有乔治·西奥哈瑞斯（George Theoharis），谢谢你作为一位优秀的家长和我共同抚养我们的孩子，你也是一位创造力丰富、思考缜密的同事。

感谢布鲁克斯出版社：谢谢丽贝卡·拉佐（Rebecca Lazo）、史蒂夫·普拉赫（Steve Plocher），以及出版社所有工作人员，感谢你们的宝贵建议和真知灼见。

感谢斯蒂芬妮·佩罗蒂（Stephanie Perotti）：是你照亮了我的生活，给我的生命带来独一无二的热情和力量。谢谢你！

感谢我的家人：艾拉·西奥哈瑞斯（Ella Theoharis）和萨姆·西奥哈瑞斯（Sam Theoharis），你们让我每天开怀大笑，鼓舞我为了你们和所有孩子把教育的这一方天地变得更美好。你们是我生命中最美好的部分！感谢盖尔·安德烈（Gail Andre）、杰夫·考斯顿（Jeff Causton）、克里斯廷·考斯顿（Kristine Causton），谢谢你们看重我的工作，为我喝彩欢呼。

乔治的致谢

这本关于领导力的书旨在打造更加融合、更加公平的学校。我们知道，领导力不是"英雄主义式"的单打独斗，而是让不同的人在学校的不同职位上发挥领导作用，让所有人秉持创建融合和公正的学校的信念。领导力概念的形成有赖于对我的工作产生过影响和对本书做出过贡献的千千万万领导者，我必须向他们致谢。我还要向许多影响过我的人致谢，他们在我写这本书的过程中提供了指导。

感谢我的学生：我要感谢许多的年轻学生，他们帮助我建立起融合教育的概念。乍·利（Cha Lee）帮助我坚定了我的信念：对孩子的教育比给他们贴上标签更重要。伊斯（Izzy）、比利（Billy）、布里尔（Briel）和周能（Chou Neng）教会了我，良好的融合课堂和合作教学可以更好地满足每个人的需求。马内（Mane）和普克（Phouc）向我展示了，哪怕是有着最严重的问题行为、最迫切的身体和医疗需求的最具挑战性的学生，也应该/可以/必须成为普通教育课堂中不可缺席的一员，这会让我们所有人从中获益。达娜（Dana）和尼尔（Neil）让我见识了班集体与协同教学对学生的学业进步和自尊发展的积极作用。

感谢我的搭档：林恩·塔克（Lynn Tucker）让我第一次尝到了真正的合作和协同教学的滋味，让我看到了两个老师在同一个课堂授课产生的能量。克里斯·谢尔顿（Chris Shelton），这是一位你能想到的最佳协作者，他亲身教会了我共同备课并让我体会到协同教学是一件多么美妙的事情。

感谢我的校长和管理部门的同事：萨拉·杰尔姆（Sarah Jerome）以身作则，让我体会到社区的力量，让我学会要去了解学校的每一位学生。安娜·埃尔布（Anna Erbes）教会了我，学生接受教育的地方（那个具体空间或地点）在很大程度上反映了学校对他们的重视程度。不论是以前还是现在，德布·霍夫曼（Deb Hoffman）都是我的一位良师，在我眼里，她永远是这个国家最好的校长。她对融合原则一次又一次的坚持，让那些投入不够的、能力不足的人产生"180 度"的改变，这就是她的学校总能接纳所有学生并成为我们所有人的光辉榜样的原因。杰克·乔根森（Jack Jorgenson）让我深深了解到坚韧不拔和高瞻远瞩的融合教育领导者的力量，及其对学区的价值。另外，感谢许许多多的校长和学校领导，他们与我们一起合作，倾听我们，教导我们，影响我们，推进融合领导力方面的工作。

感谢我的老师：几位导师塑造了我的融合教育理念。科琳·卡珀（Colleen Capper）是我能想象到的最好的融合教育学术导师。埃莉斯·弗拉图拉（Elise Frattura）促使我以更有意义的方式思考和行动。朱莉·考斯顿（Julie Causton）不断地让我领会到有关融合的"为什么"和"怎么做"，以及激励人心的故事背后的力量。

感谢我的同事：我非常幸运拥有随时可以产生灵感碰撞的朋友和同事们。感谢你们！理查德·希恩（Richard Shin）、格蕾琴·洛佩斯（Gretchen Lopez）、约翰·罗杰斯（John Rogers）、索尼娅·道格拉斯·霍斯福德（Sonya Douglass Horsford）、卡特琳·勒格（Cathrine Lugg）、弗洛伊德·比彻姆（Floyd Beachum）、乔安妮·马歇尔（Joanne Marshall）、杰夫·布鲁克斯（Jeff Brooks）、莱斯莉·黑兹尔·伯西（Leslie Hazel Bussey）、马德琳·哈夫纳（Madeline Hafner）、拉蒂施·里德（Latish Reed）、查尔斯·佩恩（Charles Payne）、蒂莫西·伊特曼（Timothy Eatman）、道格·比克伦（Doug Biklen）、沙伦·多特哲（Sharon Dotger）、玛塞勒·哈迪克斯（Marcelle Haddix）、凯西·欣奇曼（Kathy Hinchman）、克里斯蒂·阿什比（Christy Ashby）、贝丝·费里（Beth Ferri）、汤姆·布尔（Tom Bull）、凯利·钱德勒-奥尔科特（Kelly Chandler-Olcott）、葆拉·克拉思（Paula Kluth）、马丁·斯坎伦（Martin Scanlan）、迈克尔·丹特利（Michael Dantley）、梅根·科西尔（Meghan Cosier）、琳达·斯克尔拉（Linda Skrla）、塔拉·阿福尔特（Tara Affolter）、史蒂夫·霍夫曼（Steve Hoffman）和凯瑟琳·布朗（Kathleen Brown）。

感谢布鲁克斯出版社：我要向布鲁克斯出版社全体人员表示深深的谢意，感谢你们让这本书的出版成为可能，并且让它的读者拥有了更好的无障碍阅读体验。

感谢我的家人：谢谢你们，非常感谢！谢谢南希（Nancy）、安森（Athan）、珍妮（Jeanne）、利兹（Liz）和克里斯（Chris），感谢你们持续不断地关注，让我们的社会更加公平正义。你们以身作则、坚忍不拔，不断激励我，让我砥砺前行。感谢艾拉和萨姆，感谢你们每天为我提供最好的生活探索体验，用魔法和好奇心充实我的生活，给了我一个非常私人的理由，让我帮助所有学校领导朝着建设更加公平和融合的学校努力！

目 录

推荐序 1

前 言 5

第一章　融合教育学校中校长的作用 1

第二章　特殊教育 11

第三章　融合教育 27

第四章　领导融合教育学校改革 45

第五章　融合教育的中流砥柱 61

第六章　换一个角度看待学生 85

第七章　提供学业支持 97

第八章　提供行为支持 115

第九章　支持自己，就是支持他们 135

作者简介 147

推荐序

我非常荣幸能为此书作序,因为本书的主要读者(也就是学校的校长们)持有的态度、处理问题的方式和掌握的技能决定着学校的选择:是敞开大门,为所有学生提供教育机会;还是紧闭大门,拒学生于教育机会之外。本书具有极高的价值,可以帮助学校领导者形成推动融合教育应有的态度、掌握处理问题的方式和技能。

过去

当朱莉·考斯顿(Julie Causton)和乔治·西奥哈瑞斯(George Theoharis)邀请我为《融合教育学校校长手册》写推荐序的时候,我马上回忆起自己作为一位学校领导者打造融合教育学校的个人经历。1984年所发生的一幕幕场景顿时生动地浮现在我的眼前。我和我的太太雅克·索桑德(Jacque Thousand),也是我当时的同事,被邀请为一群学校管理者做一场一个半小时的融合教育主题在职培训。在那个时候,雅克是佛蒙特大学(University of Vermont)的助理教授,也是首个由联邦政府资助的名为"回归项目"的示范项目的协调员,该项目的主题为重度残障学生如何成功回到社区学校中的普通教育课堂接受教育。我则在佛蒙特的维努斯基校区任负责人,该校区是全国第一个建立融合教育学校的校区,也是参与"回归项目"的校区之一。我记得我们接到邀请的时候深感荣幸,不断地思考我们是否有充足的内容填满一个半小时的培训时间。我们准备好了培训讲座要用到的幻灯片,然后前往佛蒙特州南部——我们要进行培训的地方。

当天晚上,培训引起热烈反响,我们感到很高兴,于是和大家分享了一个我们觉得好笑又出乎意料的事实:在培训中所讲的融合教育相关内容在我们看来完全是常识,竟然还有人要花钱请我们来讲。我们当时非常肯定融合的三个基本要素很快会被大众认识,并被大多数乃至全部学区采用,这三个要素是:融合背后的社会公正价值观;使残障学生和普通学生在混合能力课堂(mixed-ability classrooms)中成功融合的课堂组织和教学实务;提供个性化、差异化支持所必需的创新和协作倾向。年轻的我们是那么乐观!我们很快就认识到,并且在过去的30年中被反复提醒:我们以为是常识的内容,时至今日仍没有获得很多学校的认同,也没有被实践。

现状

好消息是从我们第一次进行融合教育培训以来，融合教育的发展趋势一直稳定持续向好。此外，我们也学习到了许多实现融合的必要措施，确保以融合的名义建立的一切都是融合教育实践中的正面例子，而不是负面例子。换言之，相比起我们第一次开展融合教育培训的时候，今时今日我们可以获取更多的常识。我们现在可以安排数以周计（而非寥寥数小时）的教师进修时间，以传授更多可以成功实现融合教育的课堂管理实践和教学实践。

尽管大家已经开始并在不断学习融合教育，但是依然有必要注意，许多在 1984 年让融合教育成功的关键措施，时至今日仍然是关键措施。校长的角色就是一个最佳例子。我们一直都知道，学校任何重要的改革方案要取得成功，校长的作用很关键。有一个在多个州进行的关于最少受限制环境（Least Restrictive Environment，LRE）和融合教育的政策研究（Hasazi, Johnston, Liggett & Schattman, 1994）得出这样的结论：每一个学校的校长选择如何看待这个问题，决定着这个学校是否会有任何改变。我们在美国五个州和加拿大一个省的融合教育学校进行的一项研究（Villa, Thousand, Meyers, & Nevin, 1996）也呈现类似的结论。该研究展现了影响普通教育教师和特殊教育教师对融合教育的态度的三个因素。它们是：（1）学校管理层对于融合实践的支持程度；（2）协作；（3）经验。

多年来，在帮助美国以及其他国家的学校和学区的教育系统朝融合方向改革的工作过程中，我对领导力和学校系统改革的另一个了解是，教育中的改变和进步需要学校领导者重视系统改革的五个要素。这五个要素就是：愿景、技能、激励、资源及行动计划。第一，学校领导者必须基于如下假设建立愿景：（1）所有学生都有能力学习；（2）所有学生都有和同龄人一起在当地的学校受教育的权利；（3）每位提供教学的教师对学校每位学生的学习都负有责任；（4）融合实践让所有学生及教师受益。第二，学校领导者必须培养教师们的技能，帮助教师建立信心，让教师们能够在混合能力课堂中教授学生。第三，学校领导者要建立有意义的激励机制，鼓励所有人敢于冒险，加入融合教育的旅程。第四，学校领导者要重新组织、安排、拓展人力资源及其他资源。第五，学校领导者应该筹备并实施那些可以让教职人员对融合教育实践感到兴奋的行动计划。朱莉·考斯顿和乔治·西奥哈瑞斯已经把以上所说的一切精心地写进了这本书，本书的每一章都包含了帮助校长们做到以上五点的方法。本书非常巧妙地：

1. 阐明融合教育学校的愿景，并解释校长在带领教职人员朝着愿景前进的过程中扮演的角色。

2. 提供信息和策略，帮助读者从概念、技术，以及人际沟通方面提升综合能力。

3. 举例说明协作和创新过程的重要性，确定激励措施（如差异教学和协同教学的培训，时间安排，用优势视角看待学习者的实际情况、教室环境和学习者需求之间的不匹配之处）。

4. 讨论资源的分配和再分配、不同的计划之间的协调。

5. 为读者提供必要的信息，以制订打造融合教育学校的行动计划。

未来

如今的我可能比刚开始走上融合教育历程的时候老了不少，但我依旧乐观。我真诚地相信，这本书将会激励你，给予你力量，让你砥砺前行。通过你的学习、努力和行动，在所有学校里，融合教育资源都将唾手可得，每个人都会对融合司空见惯。借用 W. H. 默里（W. H. Murray）的话来说：

> 人若意志不坚定，则会犹豫不决。只要有退缩的可能，就会前功尽弃。审视所有成功的故事，你会发现它们都遵循一条最基本的真理——无知与忽视扼杀掉了不计其数的想法，再精妙绝伦的计划都会化为乌有——有志者，事竟成。（引用自 Gore，1992，p. 16）

将来属于那些引领未来的人。学生和未来都在等待着你这位鼓舞人心、博学多才的领导者。

理查德·A. 维拉博士（Richard A. Villa, Ed. D.）

湾脊联盟公司（Bayridge Consortium, Inc.）

加利福尼亚州圣地亚哥

前　　言

融合教育学校需要领导力

　　这本书完全来自我们的工作经历。在乔治开始做校长的时候，他所在的学校正推行着零散的融合教育服务，学校不但保留着专为重度残障学生准备的特殊班，也保留着以各种教学需求或治疗为目的将残障学生抽离普通班级的传统做法，包括特殊教育、语言治疗、以英语为第二语言的课程[①]、作业治疗、物理治疗、阅读补习等。学生进进出出于不同的教室，老师们忙得焦头烂额，然而，需求最多的学生只能获得一些零碎的支持项目，从而变成了学校里的边缘群体，原因就是他们在这些零碎的特殊教育服务项目上疲于奔波，或者是特殊班把他们隔离在普通教室之外。

　　老师们也没有时间一起备课或者进行合作，其结果就是教职人员感到工作苦不堪言和学生的学习成绩日渐下降。非白人学生和低收入家庭学生在接受特殊教育服务的所有学生中也占了过高的比例。学校中非白人和低收入家庭的残障学生在普通教室之外接受教育的比例高于正常比例。绝大多数的行为处罚或者纪律处罚都是针对非白人和低收入家庭的残障学生的。

　　乔治不仅带领教育团队为残障学生制订协作式融合教育服务计划，而且把融合作为一个办学理念延伸到所有教学服务上，例如，ESL、阅读补习，以及学科拓展课程等。这样做的结果是学校终于建立了一支专业的合作团队，团队成员以共同备课和共同授课的方式开展教学。所有的教学活动以及绝大多数的治疗项目都融入普通教育课堂，并以共同授课的方式得以实现。这样的做法改变了老师和治疗师的工作方式。值得注意的是，抽离式服务并没有演变成把残障学生拉到普通教育课堂的最后一排接受单独辅导。在新的融合教育服务中，普通教育教师、特殊教育教师及治疗师共同设计教学活动，为学生提供他们需要的教学和合理便利。

　　这样做的结果是学校的教学环境得以改善，学生的纪律问题减少了，安置在特殊教育学校的学生数量减少了，各类别群体的学生的学习成绩都得到了显著的提升，包括残障学生。这并不是一所乌托邦式的学校，而是一所普通学校。一些教育团队会比其他人做得更好，有些老师真心实意地相信融合教育是最好的，还有一些老师则对融

[①] 译注：以英语为第二语言的课程（English as a Second Language, ESL）是指针对母语非英语的并把英语作为第二语言的语言学习者的专业英文课程。

合教育持非常保守的态度。领导力是关键核心——校长和做出关键决定的领导团队的领导力可以让协作式融合教育的工作重心保持稳定。领导团队由各教学组或者各年级组的教师自行选择的代表组成。

乔治作为校长，对学校发展融合教育是至关重要的。他需要高举融合教育大旗，在融合教育服务上起到带头作用，组建和发展教学队伍，并为各团队的共同备课和协同教学提供支持（备课时间、备课空间、教学材料等）。

从 20 世纪 90 年代末以来，朱莉就一直和学校校长们进行合作，在校长们创建和运营融合教育学校的过程中为他们提供指导、予以激励和支持。她不仅帮助他们在支持教职人员创造梦想校园的工作上进行策略性思考，还亲自为学校教师、助理教师及治疗师提供职业培训，帮助他们重新思考教育服务的实现模式。

在面临逆境和面对员工不满的时候，她和校长们携手前行，帮助他们规划和领导，让学校的融合氛围更强。正如在乔治的学校，这样努力的结果是学校不再隔离和分开学生，而是把所有学生当作学校大家庭和社区大家庭的一分子接纳他们。无论是残障学生还是普通学生都在所有学科的成绩上取得了进步。老师们也懂得了如何合作、协同设计有效的融合教学单元和课程。学生的学习环境得到了改善，最重要的是，所有学生都有了更强的归属感，因为他们不再怀疑自己是不是这个大家庭中的一员。

我们与许多在融合工作上奋斗的学校领导者们合作过，也对他们进行过研究。这些研究和工作过程为本书提供了大量信息，铸就了本书的许多细节。我们的工作也验证了我们一直以来的看法：融合教育学校必须要有强而有力、坚持不懈、学识广博、高瞻远瞩的融合教育领导者。

关于融合

我们没有一天不在想融合教育的事情。当想到那些我们有幸去教导和指导的优秀学生和教育团队时，我们就不断提醒自己，他们也是我们的老师和引导者。是他们教会了我们，每个人都有权利被接纳、交朋友、参加吸引他们的课程活动、获得有效的教学；每个人都有权利被尊重并且获得温柔的支持；每个人都有权利感受对班集体的强烈归属感；每个学生都有资格在温暖友好的环境中获得支持。这些改变越多，那么我们为有质量的学习所创造的环境也就越广阔。因此，建立归属感不只是单纯为了建立归属感，这种人与人之间的联系和友好的感觉是每一个人的学业成长和社会成长的基石。我们知道，如果要在所有学校实现融合，教育领导力必不可少。因此本书旨在为校长和学校领导者提供指引，帮助他们以温柔、尊重和有意义的方式更好地接纳每一位学生。

本书结构

本书前三章为后文其他内容提供了背景知识：第一章的重点是校长或学校领导者的角色，第二章讲述特殊教育的背景，第三章提供与融合教育相关的背景信息。这些开篇章节是基础，帮助读者更有效地理解本书其他内容。第四章为学校领导者提供将学校中零散的融合教育服务整合为完整的融合教育的策略，阐述了融合教育学校改革的流程和工具，帮助领导者推进融合教育。第五章是关于如何领导团队成员高效协作——这是融合教育学校的支柱。在第六章，我们将会让学校领导者们重新思考那些负面的描述词语，从学生的优势和能力出发，重新审视学生，这是出于更有效地触及和支持所有学生的考虑。第七、第八章提供具体策略，重点是如何在学校内提供学业支持和行为支持。这些关于具体策略的章节将会提供可以立即在学校应用的方法。最后一章聚焦自我照顾和问题解决方法。让那些对教师挑战最大且需要最复杂的问题解决方法的学生融入学校系统，并非是一件容易的事情。我们承认这样的工作对学校领导者而言是多么辛苦的一件差事。第九章为领导者提供了如何照顾好自己的有用建议，这样他们才有可能给学生提供最好的教育。

哪些读者将会从本书受益？

现在越来越多的学校开始接受融合教育的理念，校长和其他学校领导者成了融合教育是否成功的关键性因素。学校领导者的角色在不断变化，所以本书包含了当下创设和运营融合教育学校的最新理念和策略，提出"校长在融合教育中起关键作用"这一概念。这一概念在以下两个方面颠覆了传统思维：第一，这一概念让我们跳出只在某些课堂实施零散的融合教育服务的思维框架，从而迈向真正的融合，即把校长定位为融合"领头羊"的关键地位；第二，我们跳出原有的思维模式——接纳一部分学生是可以的，但要一直沿用不合时宜且效率低下的抽离式教育服务和特殊班。在完美实现融合的工作中，校长的作用是十分关键的。他们需要倡导融合的愿景，成为高效的管理者，把实现融合放在第一位。相反，如果缺乏正确的认识或者支持，领导者反而会破坏融合工作，因为他们会遵循"抽离－补救"的传统理念。但是，这并不意味着在为学生提供课堂支持时可以摒弃团队思维。虽然本书的主要受众是那些希望了解更多方法去创建和运营真正的融合教育学校的校长，但这本书对负责特殊教育的主任、特殊教育教师、普通教育教师、其他学校管理者、家长，以及其他力求在融合校园中为学生提供支持的学校领导者同样重要。

见习或职前学校领导者：本书是特别为正在从事或者希望从事 K-12 融合教育学校教育的见习学校领导者写的。本书也非常适合各高等院校中学习教育领导力的学生阅读。

特殊教育教师，包括相关服务提供者：特殊教育教师在融合课堂为学生提供支持。

本书提供在融合课堂为所有学生给予支持的方法、策略,以及建议。本书可供学校领导者和特殊教育教师在教师职业进修时间或者读书小组活动中共同阅读和讨论。

普通教育教师:普通教育教师是课堂教学团队的重要一员。学习更多融合教育领导力的相关知识,普通教育教师可以自然、周到地提供教育服务。

残障学生家长:家长也可以通过此书理解融合教育学校领导力的最佳实践,从中获益。对于他们而言,本书是一个很好的资源,可以帮助他们在孤立的融合教室之外,推动融合教育学校的建立。

负责教师专业发展的工作人员:本书为所有的校长培训或者领导力发展项目提供前沿方法和资源。

本书与《融合教育助理教师手册》(*The Paraprofessional's Handbook for Effective Support in Inclusive Classrooms*, Paul H. Brookes Publishing Co., 2009)配套使用,以便教育团队成员能够共享知识。这两本书有意识地使用相同的结构、相同的标题,以及很多相同的信息,但是分享的角度与观点大不相同。我们目前正在撰写其他几本手册,希望将来能够看到学校教育团队成员在融合环境中共同协作,用这套丛书为所有学生提供支持。①

---

① 编注:《融合教育教师手册》《融合教育助理教师手册》与本书同属"融合教育实践系列"丛书。

第一章

融合教育学校中校长的作用

融合教育是一个未决议题

> 融合教育的系统性改变要求有热情、有远见,并且能够做出为所有学习者提供高质量教育承诺的领导者。(不断有研究证明)行政支持和领导者的格局是成功实现融合的最重要的先决条件。
>
> ——维拉、索桑德、迈耶斯和内文
> (Villa, Thousand, Meyers, and Nevin, 1996)

维拉、索桑德、迈耶斯和内文的导语让我们意识到,学校领导者在创设并运营融合教育学校中起到的作用比其他任何因素都重要。影响融合教育学校成功的因素非常多。残障/普通学生、全校教职人员、教师、家长和社区能否从融合中受益也受到众多因素的影响。但是,说到底,校长决定了学校的融合程度,以及学校能否将口头上的融合变成让所有残障/普通学生作为普通教育和社会一员的现实。

我们也意识到很多教育者和校长都认为他们已经在"进行融合教育"了。但是,美国几乎一半的残障学生并没有完全或者只是部分地融入普通教育,抑或是真正和他们的同辈建立联系〔数据责任中心(Data Accountability Center, DAC), 2010〕。在那些自称为融合的学校和校区,许多学生并没有真正或完全地融入其中。我们知道全国有一些非常出色的学校和校区真正或完全融合了各个障碍类别的残障学生。但是,我们想在本书的一开始就说明我们所说的融合不是指在某些教室中给某些学生提供教育支持。我们认为融合是一种基本理念,是一种世界观。融合是领导学校的方式,让学校能够接受并拥抱每一位学生(没有残障的学生、有轻微残障的学生、有孤独症的学生、有问题行为的学生、重度残障的学生等),让他们作为普通教育学校中发展学业和参与社会活动的成员。我们认为是校长让这一切成为可能。

校长角色的演变

大约150年前,美国和其他国家的教育系统中出现了校长这一职位。现在,校长是由不断扩大的公立学校中的首席教师或班主任担任的。首席教师的职责是教学、监督其他教师教学,并且管理学校(Kafka, 2009; Rousmaniere, 2009)。如今的校长虽然不再进行教学,但是大多数的校长拥有多面角色,其职责越来越复杂,需要具备的能力也越来越多。学区、州及联邦级别的学校组织不断壮大,对校长的要求也随之改变。学校在社区中的作用也在加强,这迫使校长们不断增强实力,达到大家对他们日益增长的新期望。

20世纪70年代和80年代,研究者们对学校进行了一些实证研究,这些研究结果显示，强有力的学校领导者是学校有效运转的基本条件（Edmonds, 1979）。在研究结果中，校长的作用被进一步强调，并且他们的角色从管理者转变为教学领导。教学领导力主导着校长角色的不断演进，学校组织和大学一同努力培养校长们的技能，以此帮助校长们完成不断增加的角色任务。标准和问责制时代的开启对课程改革和调整，以及评估和追踪学生的学习需求提出了更高的要求，从而推动校长职务范围进一步扩大。

不计其数的研究结果都显示，校长面对的挑战越来越大。校长要面对的是越来越多的要求和职责，以及越来越少的可用资源（Kinney, 2003; Langer & Boris-Schacter, 2003; Marshall, 2004）。大约20年前，校长每天与人的互动次数就已经达到了400次，此外还要独自处理150项事务（Manasse, 1985）。想象一下，现在校长们每天要面对多少事务？

在今天的美国，有接近94000名校长，其中80%是白人，55%是男性，在学校领导层中女性的数量和比例不断增加。这些学校领导者的角色也在不断转变。尽管大家都期望校长成为学校的有效管理者和教学领导者，但同时也希望他们成为富于变革的领导者、扭转乾坤的领导者、关注公平公正的领导者。新的要求让本已繁重的工作变得艰苦卓绝，但积极的一面是，这也能激发校长更多潜在的力量，给学校和学生带来积极影响。

校长的力量

大量可靠的研究已经证明了校长在创建优秀的学校和保证每位学生享有公平的学习机会中发挥着重要作用（Cosier, Causton-Teoharis & Teoharis, 2013; Peterson & Hittie, 2009）。校长虽然只能间接影响学生的学习，但是能直接影响学习场景和学习环境，让学习效果最大化。

校长能够直接影响学生的课程安排、班级安置、班级组成，以及学校的后勤运作。同样重要的是，校长能够直接影响学校的人力资源——教师教学的质量、成年人是否以合作的方式工作、对教师和教职人员的工作期望。除此以外，校长能够设定整个学校的基调和氛围，影响学校文化和给人的整体感觉，决定学生、教职人员和家长被对待的方式。所以尽管校长并不能直接教导学生如何学习数学，他们还是拥有改善学校的巨大力量，从而实现打造融合学习环境的承诺。

校长和融合教育学校

我们知道校长在创建和运营融合教育学校中起着至关重要的作用。研究者开展了一些针对正在推进融合的校长的研究，并从中发现了一些成功领导融合教育学校的普遍性的关键策略。接下来我们会把这些研究放到具体场景中，审视校长在为残障学生创建融合教育学校的过程中扮演的重要角色（Capper & Frattura, 2008; Capper, Frattura & Keyes, 2000; McLesky & Waldron, 2002; Pazey & Cole, 2013; Riehl, 2000; Teoharis, 2009）。那些成功领导融合教育学校的校长都不约而同地做了以下几点：

- 设定大胆无畏、清晰明确的融合愿景；
- 积极参与教职员工的课程准备和教学执行工作；
- 组建专业团队，并提供支持；
- 减少碎片化项目。

设定大胆无畏、清晰明确的融合愿景

在这些关键策略中，设定清晰的融合愿景可能是最重要也最困难的部分。我们在K-12学校中的工作经验以及对该领域的研究清楚地显示，校长必须站出来倡导融合目标。成功做到这一步的校长不会只嘴上说说把现有的融合状态作为目标，或者泛泛而谈"所有的孩子都可以学习"。他们有具体的目标，而且是宏伟的目标。然后，他们会为落实该目标制订计划，对学校的未来做出决策。

梅格校长是这样描述他们学校的宏伟目标的：

> 我们知道融合教育服务对于重度或者轻度残障学生来说都是最好的。我们清楚在融合教室中的专业团队能够更好地满足教室中的每位学习者的需求，不论他们是学得快的学生还是学习困难的学生。我相信我们学校的每位学生都值得拥有完全的、不受任何限制的普通教育，无拘无束地享受和同学们的交流过程，以及接受普通教育教师毫无保留的教学指导。这一点是毋庸置疑的，因为我们有能力并且能够成功地融合所有来到我们学校的学生。我们会一起讨论如何做到这一点，我们一定会这样做。

贾尼丝校长为我们提供了一个强有力的范例，说明了如何在向完全融合过渡的过程中坚定不移地坚持目标。这是一所K-8学校，全校上下经过几个月的精心计划和准备，不再把特殊需要学生抽离出来进行单独个训，而是让他们在普通教室通过获得合适的支持达到完全融合的状态，学校领导团队在春季教职人员大会上公布了融合教育服务计划。大家对该计划进行了讨论，然后校长贾尼丝站起来，发表了以下讲话：

> 这是我们要实现的目标。我们不会回到从前隔离的老路上去。我们学校不再采用任何排斥、隔离某部分学生的教学方式。我们的团队筚路蓝缕，制订了最好的来年计划。我知道大家都需要支持才能实施该计划。我们会竭尽所能从各方面给大家提供支持。

她接着说：

> 我知道有些老师对于我们的目标持有非常保守的态度。我希望这部分老师能跟我们一起让学校成为融合的典范，但是如果你感觉这不是你想要实现的目标，那么我会帮助你找到合适的职位确保你也能够成功。我不允许任何人破坏我们的努力。我希望在座的每一位老师和我们一起实现我们的目标，但是如果你确实不想加入我们，一起推动融合，我会帮助你转到其他学校或者其他职业。我们将会成为融合的典范，道不同不相为谋，我手头有一大沓转校申请表。

在接下来的几年中，每当讨论一项决策或是教职人员讨论如何满足学生的需求时，贾尼丝校长总是听到有人问："我们（的具体计划或结构）要怎么样保证实现融合教育的目标？"她坚定不移地在每项工作中推行融合，围绕融合做出所有决策，而不被其他事情影响。她继续在她的学校的最前线推进这一果敢宏伟的目标。

参与制订和实施合作计划

在我们研究和合作过的所有专注于提供融合服务的学校中，也许融合的目标并不是全体教职人员共同设定的，但是提供融合服务的最佳方法一定是靠大家的通力合作探索出来的。校长不仅要给大家设定一个方向，还要将教职人员，包括特殊教育教师、普通教育教师及专业人员，如作业治疗师（Occupational Therapists，OT）和言语语言治疗师（Speech-Language Pathologists, SLP），以及助理教师等团结起来，共同努力找到让学校更加融合的方法。计划的制订和实施是在民主原则下进行的。

奥利维娅校长组建了一个特别领导小组检验她所在学校的特殊教育服务提供情况。这个小组开放接纳所有想要加入的人。工作组制订了好几套方案，利用学校已有的人力资源建立融合校园，杜绝使用自习室和个训课。小组成员一旦产生了一些想法，整个团队就会一起为来年制订连续的服务提供计划，最后由工作组而不是校长向教职人员展示计划并争取校董会的支持。

跟所有新提案一样，在实施计划过程中，担忧和坎坷是不可避免的。首先，计划开始的时候总会出现一些担心的声音。有些老师开始紧张，希望回到老路上去，但是奥利维娅校长坚持学校要走融合之路。她把老师们召集起来一起解决问题，化解担忧，同时她非常明确地表明学校不会回到老路上去。

每年的一月份，服务提供小组就会开始为第二年制订计划。组员们对有需求的学生的水平和需求进行评估，并开始制订计划。大家会在冬季结束时合作完成计划的制订工作，并为来年做准备。奥利维娅校长确保学校每年都进行这样的计划制订，但是她并不直接控制这一过程。

尽管奥利维娅校长所在学校的有些情况是其学校特有的，但是她也为所有学校提供了一些至关重要的参考。第一，教师们花费几个月时间共同制订计划并实施。第二，在第一次、第二次或是第三次遭遇挫折时，计划不会被废止或搁置。第三，从经验教训及老师和学生的改变中不断学习，每一年，小组成员都会周密细致地计划如何在来年实施融合的理念。

打造和支持团队

校长必须采用的关键策略是打造同时拥有专才和通才的团队执行融合计划。打造团队的方法多种多样，但是核心目标是将专业人才凝聚在一起，让分工明确、合作紧密的团队成员在融合的背景下共同关注并满足各类学生的广泛需求。这需要调整一些专业人员长久以来在学校中扮演的角色，在团队成员间建立信任和理解。除了打造团队，校长还要支持团队并为团队提供共同制订计划（备课）的时间，这是非常重要的。

纳塔莉校长在所属高中打造团队的过程中，为团队分配了特殊教育教师，让他们发挥为教学内容的确定提供支持的作用。这一变化意味着她的学校不再有专门为特殊需要学生准备的教学内容，不再有特殊教育个训课。现在，所有的特殊教育教师都在普通教育系统中支持学生（如共同备课和共同授课）。纳塔莉校长确保特殊教育教师和与之合作的授课教师有共同的备课时间，她把特殊教育教师当作学科教学团队的一分子。暑假时，她为每位特殊教育教师提供与授课教师见面的时间，让他们相互熟悉，也让这些特殊教育教师熟悉学校课程大纲的内容。纳塔莉还找到资金为教师们在这部分工作上花费的时间和精力支付报酬。特殊教育教师逐渐成了许多教学团队不可或缺的一分子，将他们在差异教学、课程调整、个别化课程，以及教学计划等方面的专业知识带入教学团队。

在小学阶段的团队打造方面，特蕾西校长将特殊教育教师和两三名普通教育教师配对。每一年，特蕾西校长都让老师们先自愿选择跟哪位老师合作，这让大多数特殊教育教师和普通教育教师都结成了小组。不过每一年她还是会把她认为最合适的教师们分配在一组，给予这些团队每周见面的时间，并要求他们好好利用这些时间。除此以外，在每学年开始之前，特蕾西校长还使用职业发展专用资金进行团队建设。对于团队在课后一起共同备课和共同制订教学计划的工作，特蕾西校长也尽可能地给予资金支持（或者有时候让代课老师上半天课）。

中学校长蒂姆也为教师们提供了支持和共同备课时间。每年春天，蒂姆校长都会制订或修订教学日程总表。在制订总表的过程中，他会确保师资配置能让所有残障学生都在普通教室中接受教育。学校不再采用个训课或脱离普通教室的特殊教育课程。蒂姆校长将所有的普通教育教师和特殊教育教师组成了团队，共同备课和上课。学校没有足够的特殊教育教师在每堂课上坐镇，甚至也没有足够的特殊教育教师和特定的一两位普通教育教师合作，但是他不会让这些情况成为融合的阻碍——他在有残障学生的班级中提供足够的特殊教育支持，不让残障学生集中在某堂课上。他为特殊教育教师分配了合理数量的普通教育教师作为搭档，以达到教学团队师资平衡。他还收集教职人员的反馈来推动这一过程。他认真地制订教学日程和师资分配计划，给同年级的团队成员提供共同备课的时间，更重要的是，他为更小规模的教学团队中的特殊教育教师和普通教育教师提供共同备课的时间。

除此以外，我们还看到包括之前提到的这些校长在内的许多校长，引入了外部专业人员，帮助团队发展。特蕾西请来了一位团队合作专家利用小半天的时间对团队成员进行培训，帮助他们学习合作，更好地利用备课时间，成为更加高效的团队。其他的校长在暑假期间开展了团队建设工作坊，由合作专家领衔，助力来年的团队建设。还有一些校长开设了长期的合作课程，作为教师职业发展学时。比如，一些校长和当地大学对接，让老师进入大学课堂旁听。其他一些校长和所在区域的职业发展学校合作提供类似的职业发展课程。每位领导着融合教育学校的校长都意识到教职员工需要以一种前所未有的新方式进行合作，而这是他们的软肋。因此，校长在打造和支持团队方面所做的工作，是决定融合教育学校能否成功的关键因素。我们将在第五章中重点讨论团队合作，在第四章中也会谈及部分内容。

减少碎片化项目

之前，我们讨论了融合不是一项计划，而是指导我们在哪里以及如何教育学生的一整套理念。因此，当学校决定向着融合全体学生的方向前进的时候，这一决定不可能与学校的其他变革和计划分离。校长的领导力在减少碎片化项目中起着两方面的重要作用。

第一，我们发现成功的校长扮演的是把关者的角色，他们清楚不能让老师一次就进行非常多的改变。随着融合服务工作的推进，他们减少了在学校开展的其他计划。这就意味着在开展融合教育的早期，校长不会进行更多其他的变革。同时，他们还会顶着学区让学校展开多项变革的压力。在减少碎片化项目的过程中，校长会确保每一位新入职的教职人员都能够明白学校的融合理念和对他们工作的期待。

第二，成功的校长要确保他们对融合的承诺延伸到整个学校的方方面面，从新的课程表到教学方法，再到课外活动和项目。比如，史蒂夫校长所在的高中决定采用新系列数学教材，史蒂夫就确保了共同备课、共同授课的特殊教育教师和其他数学教师一起参加新系列数学教材的培训。他确保所有数学教师都有教师用书和足够的教学资料（如数学模具和计算器），在大班或小组的融合教学中使用。

安妮校长所在的初中正准备在学校文学课中增加"6+1"写作技巧的教学。安妮校长就确保了特殊教育教师参与相应职业发展培训。更为重要的是，当教学团队讨论他们的写作教学的时候，安妮校长确保所有学生（从轻度残障到重度残障）的需求都会被考虑进去。最后，老师们怎么也没想到杰瑞（一位被贴上了智力障碍标签的学生）

和阿里（一位被贴上了孤独症标签的学生）能够写出这么长的文章，取得如此大的进步。

除了保证融合成为教学相长的一部分，成功的校长还要确保融合是课外活动的一部分。麦格校长所在的小学请来了一家当地的非营利机构组织课后活动。麦格校长不允许这家机构在为有明显残障的学生提供服务时有任何犹豫。她与该机构共同努力，确保重度残障学生也能参与学校的课外活动。在她的坚持与支持下，残障学生真正和他们的同学一起参与了课后活动。

这些校长采取的行动和措施，为我们提供了如何避免碎片化项目并让融合理念在校园开花的最佳实例。如果我们坚决地执行下去，融合就不再是为了某些学生设置的可有可无的项目——融合是"我们做事的方式！"

有关融合的常见问题

问：减少碎片化项目是不是意味着我要着眼于融合，放弃其他项目？
答：一些项目能够和融合理念很好地结合，一些项目需要等待教职人员获得技能和能力后才能以融合的方式服务于所有学习者。所以首先要关注你的教职人员最急需学习的部分，然后将这些新的项目优先整合起来。

问：组建一个融合团队需要纳入哪些人？
答：一些校长会在所有年级的普通教育教师和特殊教育教师中选择代表组建团队。另外一些校长则将现有的领导团队作为融合团队。还有一些校长向所有想要加入的人员都敞开大门。每一种模式都有各自的优缺点。

问：我校的教职人员可能对融合没有那么认可。我该怎么办？
答：我们从来还没见过哪所学校没有一丁点反对的声音。所以，你要习惯，反对是这项工作中最常见的一部分，但是不能因为少数反对的声音而停下工作。

问：融合的阻碍是什么？
答：阻碍可能是各式各样的，包括教师抓着旧的教学模式不想改变、效率低下的团队、团队成员没有共同备课时间、结构／后勤问题、缺乏远见和融合。

问：是我自己设想愿景，然后和教职人员分享呢，还是和教职人员一起设想愿景呢？
答：这两种方式我们都见过。根据我们的经验，两种方式都行得通，但是需要注意的一点是：一旦你确定了你想要的愿景，一定要明确告诉所有教职人员这是你们所有人都要努力的方向，并且承担起领导责任，带领大家共同实践。同时，不要浪费太多时间和教职人员设想愿景，否则，团队可能在还没开始之前就失去了动力。所以最佳的做法是从你的愿景出发，让教职人员参与讨论你的愿景。

本章小结

迈向融合的学校，对校长的要求非常高。我们认为这是非常具有挑战性的任务。学校领导者在不断增加的压力和角色的转变中，保证每位学生都能全方位接触普通教育课程、教学及他们的同学。学校领导者创造出环境，让每位学生都能充分发挥自己在学业和社交方面的潜力。我们清楚地知道，打造融合教育学校或运营融合教育学校离不开优秀校长周密的规划、全力的支持及领导力。

读后随感

第二章

特殊教育

你愿意看什么呢？花，还是草？

> 在我担任校长之前，我教七年级和八年级的英语。我班上当然有残障学生，但是我并没有特殊教育方面的知识。
>
> ——克里斯（校长）

许多刚开始接触特殊教育这一领域的人都会问到一个问题：什么是特殊教育？本章将要解答的就是这个问题，除此之外还有下列问题：接受特殊教育的都有哪些人？"残障"指的是什么？在教育领域，为什么我们应该对贴标签的行为持谨慎态度？特殊教育中常用的术语是什么意思？残障都有哪些不同的类别？在本章结尾，还将回答其他一些常见的问题。

在这一章，我们会弄清楚从事特殊教育这一领域，必须要了解的、最基本的重要概念和观点。通过了解这些信息，校长能够更好地理解特殊教育体系这种更为宏大的概念，因为他们将要以此为基础领导融合教育学校。

什么是特殊教育？

简单来说，特殊教育就是旨在满足某些学生的特殊需求的个别化教育。这种定制式的教育可能需要为学生提供合理便利（accommodation），或者对课堂任务做出适当改动（modification）。提供合理便利，指的是对课程进行调整（比如改变考试地点、改变学生答题方式），不会从根本上改变原有课程，也不会降低标准。适当改动指的是改变课程安排，这种改变确实使课程要求发生了变化（比如改变课程内容、时间安排或者考试形式）。2004年修订的《残疾人教育促进法》(Individuals with Disabilities Education Improvement Act, IDEA, PL 108-446) 规定，接受特殊教育的学生可能会得到专门的课程材料（比如有声书教材），接受相关服务（比如言语和语言服务），使用某些设备（比如辅助沟通系统）或者不同的教学方法（比如以图示的形式记笔记）。例如，听障学生可能需要手语翻译服务，这样才能跟上课堂教学。孤独症学生可能需要专门的课程材料，比如可视化日程表，这样在学校的日常安排发生变化时才能做好准备。有学习障碍的学生可能需要额外的阅读指导，或者延长时间才能完成书写作业。

特殊教育是普通教育的一部分，是帮助学生学习普通教育课程的一个支持体系。在2004年修订的《残疾人教育促进法》中，特殊教育被定义为"为满足残障学生的需求而特别设计的教育，不需要家长付费"（PL 108-446; §1401 [25]）。

这个定义体现了制定者认同某些学生因为自身残障状况在学习、行为或身体方面存在困难，很难接受普通教育，因此他们需要个别化的支持，帮助他们学习技能、提高能力，使他们的潜能在学校得以充分开发。这些额外的服务所需的费用由联邦和地方政府承担，不需要家长付费。这些在《残疾人教育促进法》中被定义的强制服务是残障人士应享受的权利。

特殊教育是一种服务，而不是某个地点

过去，一说到特殊教育这个词，大家脑子里就会浮现一个单独的地方或者班级。人们想到的是一个房间、一所学校或一个单独的地方；残障学生去这些地方接受不一样的教育。但是，这种观念已经过时了。现在，特殊教育及其相关服务不再局限于某个地点。所有学生，包括孤独症学生、智力障碍学生、多重障碍学生及情绪或行为障碍学生，在教室环境中与普通学生一起接受普通教育时，学习效果最好，这种观点已经得到广泛认同（Causton-Theoharis & Theoharis, 2008; Peterson & Hittie, 2009）。重要的是记住，特殊教育及其相关服务（比如帮助学生学习阅读、数学或者精细动作技能）是可移动的，很容易直接被送到身处普通教室的学生身边，而不必将学生带离普通教室接受教育和服务。美国国内乃至世界各地的学校都在普通教育课堂上开展特殊教育。这与法律中的特殊教育目的相一致。在2004年修订的《残疾人教育促进法》中，特殊教育的定义是"特别设计的教学……以满足残障学生的独特需求"（§300.39）。"特别设计的教学"是指"要根据有资格接受特殊教育的孩子的需求，对教学内容、教学方法、教学提供方式进行调整"，这样做的目的是：（1）满足孩子因残障而产生的特殊需求；（2）让孩子能够参与普通教育课程，让孩子能够达到针对公共机构的法律中规定的适用于所有孩子的教育标准（IDEA 2004, PL108-446; §300.39 [b] [3]）。该法案中非常明确的一点是，特殊教育是为了保证学生对普通教育大纲的学习。记住这一点对校长来说非常重要。

残障学生主要是在普通课堂接受教育，这种教育形式就可以称为融合教育。在融合课堂上，普通教育教师、特殊教育教师、相关服务提供者及助理教师应该保证残障学生在最少受限制环境中最大限度地参与课堂活动和社交活动。我们将在第三章探讨融合教育，并且对最少受限制环境进行进一步阐述。

接受特殊教育的都有哪些人？

美国每年有600万名年龄在3～21岁的学生接受《残疾人教育促进法》规定提供的特殊教育服务（美国教育部，2011）。换句话说，大约有11%的适龄学生因受到自身残障状况的影响而需要接受特殊教育。

根据2004年修订的《残疾人教育促进法》，残障学生指的是"有某些残障并且因其残障状况需要特殊教育及其相关服务的人"（PL 108-446, 20 U. S. C. § 1401 [3]）。有

资格接受特殊教育的学生至少要有一种残障。本章后半部分将逐一列出这些残障类别并进行详细解释。

如果我们对接受特殊教育的人群进行结构分析，会发现在性别、社会经济地位及种族方面的数据反映了某种趋势，这一趋势令人忧虑。首先，普通教育学校的学生中男女比例大体相当，但是接受特殊教育的学生中，男女比例却是 2∶1（美国教育部，2007）。其次，在接受特殊教育学生中，来自贫困家庭的学生占比要高得多（美国教育部，2007）。最后一点，在接受特殊教育的学生中，某些种族或者民族的学生占比畸高。例如，在全美学校的学生中，美籍非裔学生占学生总数的 14%，那么我们可以推断接受特殊教育的美籍非裔学生也应该在 14% 左右（Turnbull, Turnbull, Shank, & Smith, 2004）。但实际上，被诊断有学习障碍的学生中，有 44.9% 的学生是美籍非裔（美国教育部，2007）。而且，在接受特殊教育及其相关服务的学生中，美籍非裔学生是白人学生的三倍。

残障指的是什么？

给残障分类，是为了"对儿童在发展中可能遇到的问题进行有针对性的处理"（Contract Consultants, IAC, 1997, p. 8, as cited in Kluth, 2003）。搞清楚学生的残障属于哪一种类别，仅仅是了解这个孩子的一个开始。从学生的残障类别根本看不出学生有哪些天赋、才能或长处。学生有很多方面的情况，残障只是其中之一。残障并不能说明学生是一个什么样的人，只能体现学生的一个方面。

为了解释这一点，请花点时间，用 5 个词形容一下自己。你写了哪些词呢？你列出的词语可能包括"母亲、父亲、老师、校长、自然爱好者、女儿、外向"等字眼。你列出的词中包括了对你的不足的描述吗？很可能没有。一般来说，我们不会用负面的词形容自己是什么样的人。对于残障人士来说也是一样。残障状况只是他的一个方面（可能还是非常微不足道的一面）。

残障的社会建构

需要认识到的是，残障类别是人为规定的，而这些类别是不断变化的。这些类别是由医学专业人员、教师、科研人员及政府共同规定的，不是一成不变的。这些类别确实是会发生变化，而且已经发生了变化。举一个极端的例子，我们可以从中可以看出残障这个概念是如何建构的。曾经有一段时间，智商低于 80 才符合法律规定的智力障碍/智力发育迟缓（Intellectual Disability, ID）的判断标准。可是到了 1973 年，美国联邦政府将这个标准降到了 70。这么一来，成百上千的人就这么"康复了"，而实质上，这只是联邦政府大笔一挥的结果而已（Ashby, 2008; Blatt, 1987）。

这些类别标准一旦被确立，还会不断得以强化。换句话说，大家只看自己想看的东西。学生一旦被贴上了某种标签，教育工作者就会戴着名为"残障"的有色眼镜看待他们。在工作中，我们曾经无数次地看到过这样的事。例如，我们有个研究项目是在三年级的教室里开展的，学生做完美术作业之后，都在忙着学习或聊天。教室里很热闹。突然间，美术老师喊了一声："杰米，以后不许这样了！"老师走到黑板前面，把杰米的名字写了上去。其实所有的学生都在讲话，但老师偏偏就看见了杰米，觉得他说得太欢了、太出格了，因为杰米被诊断有情绪障碍（Emotional Disturbance, ED）。实际上，杰米的行为和其他同学并没有什么分别。

残障类别出炉之后，就有不同团队的人判断谁符合这个标准、谁不符合这个标准。你与这样的人打过交道吗？虽然他被诊断有某种残障，但是你真的感觉不到。你见过这样的学生吗？虽然他不符合接受特殊教育的标准，但是你觉得他确实可能有特殊教育的需求。残障的标签并不是什么把人套进条条框框的一定之规。这些标签只是提示有些人有什么类型的困难，而且这种标签是别人出于自己的想法而人为规定的。

贴标签需谨慎

一方面，很多教育工作者认为贴标签将有助于家长和专业人员达成共识。这种共识可以让学生有机会获得他们需要的某些支持和服务。在某种程度上，标签是获得某些教育支持和服务的第一步，不可或缺。

另一方面，贴标签或者给人分类确实也会带来一些问题。柯柳尔和比克伦（Kliewer & Biklen, 1996, p. 83）曾经表示，给学生贴标签可能"产生贬低的后果，常常导致污名化，让学生在社交上被孤立，在教育上被隔离"。使用这些标签并且过度依赖这些标签引发了很多问题。这些标签会让教师以某种方式，而且仅以这种方式来看待某些学生，这就是成见。贴标签容易放大人与人之间的差异。例如，学生被贴上标签以后，教师、治疗师及助理教师就会盯着学生与同龄人的差异。这些标签还会伤害学生的自尊，他们会因为这些标签而区别看待自己。另外，标签还会给人一种"一辈子"的印象，尽管有些时候，学生只是在学校的时候才符合"残障"的定义。不幸的是，这些标签却给了专业人员一种安全感。标签让专业人员相信"残障类别是一成不变的、有意义的，而且很好理解，但是实际上，这些类别既不是一成不变，也没有意义，这些定义也没有被人好好理解"（Kluth, 2005, p7）。

在这本书里，我们沿用了当今教育体系中最为常见的残障标签。但是，以这种方式看待人与人之间的差异是有问题的——有时候甚至是有危险的，这一点我们都很清楚。有些人将"残障"这个词的英文分开拼写，在 dis（没有）和 ability（能力）之间加一个斜杠，表示所有学生都应该着眼于自己的能力。尽管我们比较喜欢分开拼写这种做法，但我们还是刻意使用了在普通教育和特殊教育领域中最为常见的语言，这样的话，读者比较容易把这些内容与该领域的其他内容相联系起来。

教育术语：字母大杂烩

"字母大杂烩"是一个比喻，指的是在特殊教育领域使用专业术语的字首组词的做法有时候会给家长以及非专业人士带来的那种混乱的感觉。掌握特殊教育专业术语可能需要很长时间。下面按首字母顺序列出的很多教育术语，经常以字首组词的形式出现。

- ADD/ADHD：全称 Attention Deficit Disorder and/or Attention-Deficit/Hyperactivity Disorder，注意缺陷障碍和/或注意力－缺陷/多动障碍
- BIP：全称 Behavior Intervention Plan，行为干预计划
- CBI：全称 Community-Based Instruction，社区本位教学
- DS：全称 Down Syndrome，唐氏综合征
- EBD：全称 Emotional Behavioral Disturbance，情绪行为障碍
- ED：全称 Emotional Disturbance，情绪障碍
- ESY：全称 Extended School Year，延长学年服务①
- FAPE：全称 Free Appropriate Public Education，免费、合适的公立教育
- FBA：全称 Functional Behavioral Assessment，功能性行为评估
- HI：全称 Hearing Impaired，听力障碍
- ID：全称 Intellectual Disability，智力障碍
- IDEA：全称 Individuals with Disabilities Education Act，《残疾人教育法》
- IEP：全称 Individualized Education Program，个别化教育计划
- LRE：全称 Least Restrictive Environment，最少受限制环境
- OI：全称 Orthopedic Impairment，肢体障碍
- OT：全称 Occupational Therapist，作业治疗师
- PBS：全称 Positive Behavior Support，积极行为支持
- PT：全称 Physical Therapist，物理治疗师
- SL：全称 Speech and Language，言语和语言
- SLD：全称 Specific Learning Disability，特定学习障碍
- SLP：全称 Speech-Language Pathologist，言语语言治疗师
- TBI：全称 Traumatic Brain Injury，创伤性脑损伤
- VI：全称 Visual Impairment，视力障碍

---

① 译注：指超出平均学年时长的教育服务。

联邦认证的残障类别

你了解多少残障类别？联邦认证的残障类别共有 13 种。只要是接受特殊教育服务的学生，都有被正式认定的残障类别，而且这些残障类别都包含在联邦政府认证的 13 种残障类别之内。现在，拿出一张纸写出你所知道的残障类别，然后把你写出的残障类别和我们在下面一段介绍的内容进行比较。

目前，联邦认证的 13 种残障类别包括：（1）孤独症；（2）盲聋症；（3）失聪；（4）情绪障碍；（5）听力障碍；（6）智力障碍（以前称作智力发育迟缓）；（7）多重障碍；（8）肢体障碍；（9）其他健康损害；（10）特定学习障碍；（11）言语和语言障碍；（12）创伤性脑损伤；（13）视力障碍，包括失明。下面将介绍 2004 年修订的《残疾人教育促进法》对上述残障的定义。不过，想要了解这些残障，最有用的办法就是认真听听残障人士的想法，因为这些标签是贴在他们身上的，倾听他们的心声，才能更加全面地了解这些残障。因此，我们介绍完每一种残障类别的定义之后，还会附上这些残障人士的心里话。这些心里话并不一定代表整个群体的心声，一个有某种残障的人也不能代表这个群体的所有人。请注意，法律上的定义和这些个体自己使用的定义是有区别的。法律定义主要关注的是他们无法做什么或者有什么困难，但是他们自己更注重自身的天赋和能力，这是个很有意思的现象。

孤独症

法律上对孤独症的定义是：严重影响语言与非语言沟通以及社交互动、对学习表现产生负面影响的一种发育障碍。一般来说，孤独症在 3 岁之前就有症状。孤独症常见特征包括：常有重复刻板行为，日常生活规律或者生活环境发生变化时会表现得非常抗拒，对感觉刺激表现出不同寻常的反应（34 C. F. R. $ 300.8 [c] [l] [i]）。

但是，带着这种残障生活的孤独症人士提供的描述却不太一样：

> 孤独症有好的方面，也有不好的方面，这完全取决于你怎么看待这些方面。比如，如果你过于投入地看着自己的脚，都没注意到红绿灯已经变了，那么高度集中的注意力就是一个问题。可是另一方面，处理比较细致的工作时，注意力高度集中就是一项重要技能。这种特质尤其适合从事自由职业和计算机相关工作。我肯定不会说孤独症全是好处，也不会说这仅仅是一种不同而已。我觉得，孤独症确实是削弱了我的能力。但是，这并不代表孤独症全是坏处，也并不代表我不想做我自己。（Molton，2000，p.46）

还有一位孤独症人士是这样形容孤独症的："我认为孤独症是自然的奇迹，不是人类大脑出问题的悲剧。在很多情况下，孤独症还可能是一种尚未发现的天赋。"（O'Neill, 1999, p.14, as cited in Kluth, 2005, p. 3）

盲聋症

法律上对盲聋症的定义是：听力障碍和视力障碍并存（同时存在），共同导致患者在沟通以及其他发展和教育方面需要的支持非常特殊，专门为聋童或者盲童提供的特殊教育项目无法满足这些需要（34 C.F.R. § 300.8 [c] [2]）。换句话说，患有盲聋症的学生既有听力障碍，又有视力障碍。全美接受特殊教育服务的学生中，盲聋症学生占比不足 0.0001%。因此，绝大部分教育工作者可能没有机会为这类学生提供支持。很多盲聋症患者学着使用触觉符号，这是一种用手感觉的符号语言。

海伦·凯勒是盲聋症患者中最为知名的人物。她在自传《我的生活》（*The Story of My Life*, 1903）中清晰地描述了带着这个标签生活的感受。她说过这样一句话，从中可以看出她是如何与这个世界互动的："这个世界上最美好的事情是看不见、摸不着的，而是必须用心去感受的。"（p. 6）

失聪

法律对失聪的定义是"影响儿童学习表现的严重听力损害，不管是否使用声音放大设备，失聪人士都难以处理语言信息"（34 C. F. R. $ 300.8 [c] [3]）。一般来说，因为失聪接受特殊教育服务的学生都是使用手语。如果能有手语翻译的帮助，或者使用口头阅读的方法，或者学会读唇语、解读他人面部表情，这些学生就可以学习普通教育课程。

一位名叫梅维斯的聋人大学生分享了她的生活经历：

> 真的，每个周末，我都会骑着我那辆超棒的公路竞赛自行车和自行车俱乐部的一大群男人一起疾驰（有时在平地上能达到每小时 60 多公里）。俱乐部有 500 人，我是唯一的聋人。我还喜欢去射击场体验手枪射击，和人交流。（Mavis, 2007）

情绪障碍

情绪障碍在法律上的定义是：长时间呈现下列一种或多种特征并显著影响学生学习表现的状态。

- 无法学习，排除智力、感官或者健康因素；
- 无法与老师、同学建立或维系满意的人际关系；
- 在正常情况下表现出不恰当的行为或者情绪；
- 经常性的难过沮丧或者情绪低落；

- 因为个人问题或者学校问题常常表现出躯体症状或者恐惧情绪。（34 C. F. R. § 300.8 [c] [4] [i]）

接受特殊教育服务的学生中，有情绪障碍的学生占比为8%。这种残障与学生的行为表现有关。符合这种残障类别的学生，其行为应该与同龄人有显著不同（Taylor, Smiley, & Richards, 2009）。

克里有情绪障碍，他是这样描述自己的状况的：

> 别人对我说的话，有一半我都会误解成他们再也不想跟我做朋友了。他们凭什么要跟我做朋友呢？我不值得他们浪费时间，也不值得他们关爱。然后我就会跟他们生气，冲着他们发火。趁他们还没伤到我，我先伤害他们。实在太蠢了，我后来也意识到了，但也来不及了。（双相情感障碍以及其他精神障碍相关信息，未注明日期）

听力障碍

认定有听力障碍，意味着有"不符合失聪定义的、影响儿童学习表现的听力损害，不管是永久性的还是暂时性的"（34 C. F. R. § 300. 8 [c] [5]）。一般来说，有听力障碍的学生可能不使用手语，因为他们有残留的听力，他们会使用声音放大设备，还会接受唇读训练。有位名叫莎拉·简·汤普森的听障人士描述了她的生活体验：

> 我比较愿意这样解释听力障碍，别人说的话，你不一定就听不到，而是能听到类似于说话的声音，但是不大能搞清楚这些声音到底是什么。就有点像你们听力正常的人只是听到别人好像说了什么，但没听清，然后请人重复一遍一样。就类似这种感觉。只是对我来说，这种感觉出现得更频繁。这就是为什么我要用其他办法去搞清楚周围的状况。我读唇语，不过这也不是万全的办法。很多单词发音从唇语上看都是一样的，所以单凭唇语很难与人谈话。我常常要猜别人说了什么。我会努力捕捉一句话的绝大部分内容，然后想办法去自己填补信息空白。很多时候这种办法都能管用，可是有些时候不管用。时不时地，我会把一整句话都听差了，这时候我的大脑就会随便找些和那些音节发音差不多匹配的单词去填补空白，但是这些单词放在一起根本就没有意义……听力受损对我来说就是很正常的事。总有人问我听力受损是什么感觉，但我真的找不到理想的回答。（就像我问你）"听力没受损是什么感觉？"听见和听不见，这两种感觉有什么区别，我没有比较过，所以真的没法说。当然了，听力正常的人能听到更多东西，也能理解更多声音，但是那能代表什么呢？真的很难解释。这就是感知的问题。（Williams & Thompson, 2008）

智力障碍

根据法律规定，智力障碍指的是"在发育阶段表现出来的、影响儿童学习表现的障碍，患者总体智力水平明显低于平均水平，同时存在适应行为障碍"（34 C. F. R. $ 300.8 [c] [6]）。2004年修订的《残疾人教育促进法》中使用的是"智力发育迟缓"这个术语，不过在2010年的《罗莎法案》（Rosa's Law, PL 111-256）中改成了智力障碍。但是，定义没有变化。还有一个比较常见的说法，叫"认知障碍"。全美接受特殊教育服务的学生中，有智力障碍的学生占比 8.86%（美国教育部，2011）。有智力障碍的学生的能力水平各不相同。有些学生有语言，会写字，有些学生没有语言，也不会写字。不过，没有写字说话的能力，并不代表没有思想，也不代表没有与他人沟通的愿望。这些学生和所有学生一样，很希望与他人建立联系，如果能获得沟通工具，他们很愿意与其他学生互动，也愿意学习教学内容。

下面的叙述就来自一位认知障碍患者的视角：

> 我希望你能了解的是：我最大的问题不是神经功能失调。很多人认为我的问题源于教养不当，这也是误解。我妈妈其实很努力教我什么是恰当的社交行为，但是并不总是管用。有时候我就是想不起来那些社交规则。（胎儿酒精综合征[①]社区资源中心，2008）

智力障碍人士奥利·韦伯描述了自己的生活：

> 我常常是恶作剧的活靶子。要占我便宜很容易。总有人叫我弱智……但是我还出去工作过呢——17年——我做过沙拉，做过三明治，还有汤，我还会洗盘子、碗。你想得到的，我都干过。有一次我去干活儿，老板说："我不打算让你做沙拉了。"我说："为什么？"他说："因为你不认字。"我说："那有什么关系，我会做沙拉，还会做三明治。"我说："不认字有什么关系。"早就该把"弱智"那个可悲的词扔进"垃圾堆"了。如果说了解一个人，应该以他的名字和成就而不是以残障为参考，那我就和你们没什么不一样。我和你们一样。我有自己的名字，我希望你们用这个名字称呼我。我的名字叫奥利·梅·韦伯。（Schalock & Braddock, 2002, pp. 55-57）

[①] 译注：胎儿酒精综合征（Fetal Alcohol Syndrome, FAS），一种高度多变的先天性缺陷群，包括智力障碍、生长不良以及头骨和面部畸形等，往往出现在孕期大量饮酒的妇女的后代身上。

多重障碍

法律上对多重障碍的定义是多种障碍并存（比如智力障碍与失明并存、智力障碍与肢体障碍并存），共同导致患者在教育方面需要的支持非常特殊，单为其中某一种障碍提供的特殊教育环境无法满足这些需求。多重障碍不包括盲聋症（34 C. F. R. § 300.8 [c] [7]）。全美接受特殊教育服务的学生中，有多重障碍的学生大概占 2%。

肢体障碍

肢体障碍指的是影响学生学习表现的严重身体障碍，包括先天性缺陷（比如内翻足、部分肢体缺失）、疾病（比如脊髓灰质炎、骨结核）以及其他原因（脑瘫、截肢，骨折或导致挛缩的烧伤）引发的障碍（34 C. F. R. § 300.8 [c] [8]）。

安吉拉·加贝尔是一名高中生，患有脑瘫，平时坐轮椅，她是这样描述自己和自己的高中生活的：

> 我觉得你看见我的时候首先就会注意到我是个相当积极又开朗的人。我喜欢听音乐、骑马，还喜欢画画。我上小学的时候有几个好朋友，我喜欢跟大家玩一样的游戏，但是老师们总是担心我身体太弱了，会把自己弄伤。(Gabel, 2006, P. 35)

其他健康损害

根据法律定义，其他健康损害指的是因体力、精力不足或者对环境刺激的反应不够敏感，导致在教育环境中的反应也不够敏感，这种状况：

- 源于慢性或急性健康问题，比如哮喘、注意缺陷障碍或注意力-缺陷/多动障碍、糖尿病、癫痫、心脏病、血友病、铅中毒、白血病、肾炎、风湿热和镰状型细胞贫血；
- 影响儿童的学习表现。(34 C. F. R. $ 300.8 [c] [9]）

注意力-缺陷/多动障碍带来的损害包括在内。患有注意力-缺陷/多动障碍的学生很难保持专注，难以判断什么时候应该放慢速度，也很难有条理地安排自己的时间以便完成任务（美国精神医学学会，2000）。很显然，并不是只要有上述障碍的其中一种就肯定能获得特殊教育服务，但是如果这种状况得到医疗专业人员的确诊，并且影响了学生的学习表现（如果学生需要额外支持），那么他就可能符合标准。

布莱恩这样描述他与注意缺陷障碍共存的生活：

> 你可以从我的写作方式看出来，我写的内容是发散性的。如果你给我一个任务或者指令，我会非常快地完成。但是如果给我时间思考，我会在脑子里面一直想，但是不能付诸实践。（与注意缺陷障碍共存，2004）

特定学习障碍

法律上对特定学习障碍的定义是：在理解或者使用口语或书面语所涉及的某个或多个基本心理过程中存在障碍。特定学习障碍可能表现为在听讲、思考、说话、阅读、写字、拼读或者算数方面能力不足。这种障碍包括知觉障碍、脑损伤、轻度脑功能障碍、阅读障碍、计算障碍和发展性失语症，但不包括主要由下列因素导致的学习困难：视力障碍，听力障碍，运动障碍，智力障碍，情绪障碍，或者环境、文化或经济方面的不利因素（34 C. F. R. § 300. 8 [c] [10]）。

残障学生中有将近一半的学生属于这种情况。这种残障是最常见的。因此，你很有可能与有特定学习障碍的学生打过交道。

凯特琳·诺拉·卡拉汉写过一篇关于自己学习障碍的文章，在这篇文章中，她给大家的建议是：

> 我认为，关键是要明白，我们有学习者和学生两个身份，对这个双重身份，我们要有自己的定义。学习者，指的是付出努力去求知、去参与、去积极进取的人。但不是所有的知识都是学校教的。贴上残障标签的是学生这个身份。而"学习障碍"这个标签不应该湮灭一个人获取知识的愿望。作为学习者的你一定要阻止这种事情发生。（Callahan, 1997）

言语和语言障碍

根据法律定义，言语和语言障碍指的是口吃、构音障碍、语言障碍或发声障碍等影响学生学习表现的沟通障碍（34 C. F. R. $ 300.8 [c] [11]）。

这是第二常见的残障类别。全美接受特殊教育服务的学生中大概有 20% 的学生属于这种情况。这样的学生的残障程度各不相同。有些接受言语和语言服务的学生在构音方面有困难，或者说话不流利（比如口吃）。还有些学生可能完全没有语言。

下面这个故事的主人公小时候没有语言，但是后来学会了使用沟通系统与人交流。从这个故事可以看出，没有一种可靠的说话方式让人多抓狂：

> 我知道吃一辈子土豆是什么滋味。不管怎么说，土豆是一种很好的日常食物，而且还容易料理，做法也多。但我讨厌土豆！但是以前除了我自己谁知道？我喜欢薄荷绿、柠檬黄和粉色，但他们给我穿一身大红大绿，那是什么感觉，我知道。我说真的，"没法跟人交流"那种感觉，你能想象吗？有一天晚上，妈妈发现我在床上缩成一团，疼得直哭。但我没法给她解释哪里疼、有多疼。于是，她尽了最大的努力给我做了一番检查，觉得我是因为便秘肚子疼。当然了，治便秘最快的办法就是灌肠了。但是一点用都没有啊，因为我是耳朵疼啊！（Paul-Brown &

Diggs, 1993, p. 8）

创伤性脑损伤

法律上对创伤性脑损伤的定义是：因外力造成、导致全部或部分功能障碍或/和社会心理障碍、影响学生学习表现的后天脑损伤。这种残障也包括导致一个或多个大脑区域受损的开放性或闭合性头部损伤，这些区域与下列功能有关：认知、语言、记忆、注意力、推理能力、抽象思维、判断能力、解决问题的能力、感觉、知觉以及运动能力、社会心理行为、身体功能、信息加工能力、语言能力。这种障碍不包括先天性、退行性脑损伤或者因出生创伤引起的脑损伤（34 C. F. R. $ 300.8 [c] [12]）。

这种残障与其他残障不同，因为这是后天形成的（比如遭遇车祸或者头部遭到撞击）。这种状况不是天生的，而是后来生活中发生的。对于后天发生的残障，如何调整自己、从感情上接受这种状况，不仅是学生的问题，也是家长、监护人、老师、治疗师以及其他教育团队成员的问题。

有个十几岁的孩子，经历了创伤性脑损伤，下面是她对自己新生活的思考：

> 脑损伤之后，我昏迷了三个月，又康复了好几年，这一切对我来说都是模模糊糊的。后来，又过了两年，我慢慢地苏醒过来，对周围的环境有了意识，对自己有了意识，对自己的残障状况也有了意识，其中一个状况就是我再也不能唱歌了，因为我现在有严重的语言障碍。（Parker，2008）

视力障碍，包括失明

根据法律定义，视力障碍指的是即使经过矫正也会影响学生学习表现的视力损害。这种障碍包括仅剩部分视力和失明的情况（34 C. F. R. § 300.8 [c] [13]）。视力障碍的类型或者严重程度不同，针对此类残障提供的特殊教育服务也有所不同。有些视力障碍学生使用放大镜和大字文本；没有视力的学生接受移动训练（或者学习如何在自己所处环境中行走），学习如何阅读盲文。

不同类型残障学生数量分布情况

不同类型的残障分别都有多少学生呢？图 2.1 的饼图是 6～21 岁接受特殊教育服务的各类残障学生所占百分比。如图所示，占比较高（或最常见）的残障是学习障碍、言语和语言障碍、智力障碍以及其他健康损害，其他类型的障碍占比较低（或不太常见）。

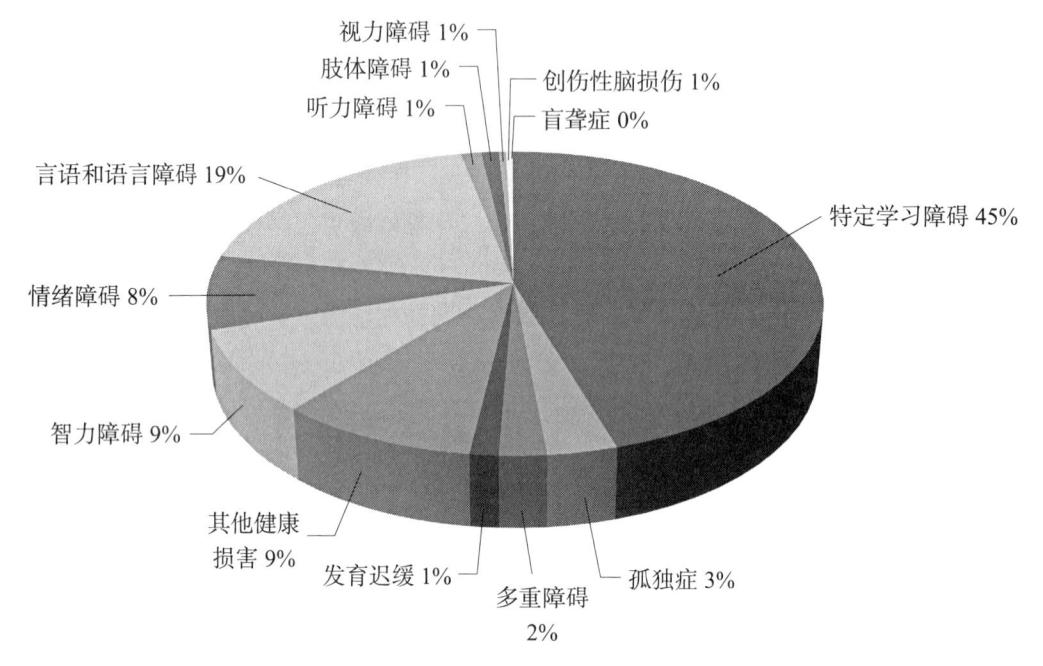

图 2.1　残障学生的百分比分布

来源：Data Accountability Center. (n.d.). *Individuals with Disabilities Education Act (IDEA) data*. Retrieved 1 December, 2008 from http:/www.ideadata.org/docs/PartBTrendData/B2A.html.

现在你已经通读了这些残障的定义，我们要再次重申一下，了解这些定义非常重要。不过，请记住，这只是全面了解一名学生的（极小的）一步。第六章将要讨论的主要内容是我们应该如何看待学生，涉及个体残障的内容很少。

有关特殊教育的常见问题

问：我并没有特殊教育方面的相关背景。我需要具备多少相关知识？

答： 如果你是学校教学方面的领导，就必须对特殊教育的术语以及法律法规非常熟悉。你不但需要指导老师支持学生，还需要在特殊教育委员会和个别化教育计划团队中担任领导的角色。你越了解残障类型、越熟悉学生被贴上的标签，以及各种获得支持的可能性，工作就会进行得越顺利。

问：我可以在哪些地方找到更多的特殊教育方面的支持？

答： 首先，你可以从学校所在学区的特殊教育负责人那里开始。同时，你还可以在所在地的大学以及其他高等教育学院中寻找特殊教育方面的专家。最后，你所在学校的特殊教育教师就很可能拥有丰富的特殊教育方面的知识。

本章小结

了解残障，对于了解特殊教育及其相关服务这个更大的教育体系非常重要。不过，要真正了解某一位学生，唯一的方法就是去了解那些有残障的人。研读联邦法中13种残障的定义，是了解要支持的学生的第一步。通过讲述一些特殊教育的基本知识，我们开启了帮助读者了解每位学生，并为他们在教室内提供支持的愉快之旅。第三章我们将会讨论如何让残障学生融入校园。

读后随感

第三章

融合教育

游泳课进化史：
与残障学生融合教育进化史惊人的相似

> 当我回想起自己上学的经历时，我发现残障学生没有和我一起上学。他们坐公共汽车到邻近地区的一所学校。虽然融合并不是什么新鲜事物，但对我们这一代教育者来说却是新鲜事物，因为我们小时候并没有亲身经历过。现在，我们的学生用和以往不同的、更好的方式看世界，因为他们在融合教育学校里长大，知道不论是健全还是残障都是人类状态的表现形式，都是正常的，都该被接受。
>
> ——斯德尼（小学校长）

本章，我们在对融合教育进行讨论之前，要提醒大家的是《残疾人教育促进法》中总结，特殊教育的目标是确保残障学生能够在普通教育学校学习普通课程，这也是我们上一章所讨论的内容。通过融合教育，我们可以真正并且高效地实现这一目标。本章首先明确一些基本概念，比如归属感、相关法律概念、融合教育的定义及其特征、个别化教育计划，接下来会介绍一些信息，比如融合教育的发展历史，还会讨论一些常见问题，这些对理解融合教育的理念非常必要。

归属感

> 归属感可能是人类心目中最为重要却最不容易被察觉的需要。
>
> ——西蒙娜·薇依（Simone Weil）

残障学生需要进入普通教育环境融合的一个主要原因就是每个孩子，不管有没有残障，都有权利寻求归属感。人类渴望友谊、渴望与他人发展关系，也需要学习更多知识、接受更多挑战。残障学生也不例外。

花一分钟想想自己吧。回忆一下，有没有那样一个时刻，在某个地方，你觉得自己真的很有归属感。那是一个团体吗？还是个俱乐部？或者是运动队，也有可能是某个工作环境？回忆一下自己在那个地方的行为举止。你的表现是什么样的？你的感受是什么样的？如果有人不经意地看过来，你的反应是什么样的？在这样的环境氛围中，绝大部分人都愿意去尝试、去奉献、去分享、去学习。如果你感觉自己和这一群人关系很紧密，就会更愿意表达，做事更投入，也更愿意展现真实的自己。学生也是这样。

那么相反，再回忆一下，有没有那样一个时刻，在某个地方，你觉得自己没有归属感，或者觉得自己受到了孤立和排斥。你的表现又是什么样的？你的感受又是什么样的？在那种情况下，绝大部分人会变得孤僻、沉默，游离于集体之外。也有人的反应是生气，或者想离开那种环境。学生也是这样。跟集体关系紧密，或者属于某个校园团体，这种感觉非常重要。不但对培养自我价值感很重要，对于学习也很重要。

和老师、治疗师以及助理教师一起工作的时候，我们就问过学生上面这几个问题，他们的回答如表 3.1 所示。

表 3.1 被接纳和被排斥的不同感受

被接纳的时候	被排斥的时候
我感觉很舒服	我感觉很难过
我感觉有人爱我	我感觉很生气
我感觉有人关心我	我想退缩
我勇于尝试新东西	我不想说话
我觉得自己很聪明	我觉得不自在
我很自信	我觉得很痛苦
我展现了真实的自己	我哭了
我经常开怀大笑	我觉得不舒服
我很有创造力	我不参与活动
我愿意学习新东西	我想方设法逃避集体

请仔细看表中的回答。符合你所在学校学生的情况吗？你在学校见过看起来很不舒服或者经常发脾气的学生吗？见过很孤僻或者很痛苦的学生吗？有些学生的表现，一看就知道他们觉得自己没有归属感，你见过这样的学生吗？相反，有些学生做事很投入，勇于尝试新东西，不怕展现自我，你见过这样的学生吗？有些学生很有归属感，有些没有，作为老师和校长，这两种学生我们都见过。助理教师和教师的重要工作之一就是在校长的领导下，帮助学生找到归属感。

如果有一种特殊教育模式是把特殊需要学生排斥在外，放在和普通学生分开的教室、走廊或者学校，那么这些被隔离的孩子很有可能表现就不好，学习也不会好。所有学校的管理者、治疗师和教师们都在反思将残障学生隔离在单独的教室或者将他们单独带出来接受教育这种做法（Causton-Theoharis & Theoharis, 2008; McLeskey & Waldron, 2006）。将学生隔离开来，会让他们觉得自己跟别人不一样，不是学校大家庭的一分子。这种隔离对于学生的自尊自信和学习能力都有切实的影响（Peterson & Hittie, 2002）。如何对残障学生进行教育安置是很重要的，同样重要的还有课程设计质量和教学方法策略，这些能让残障学生得到适当的辅助和服务，从而获得接受普通教育的机会。融合教育的基础，就是所有人都有寻求归属感的权利，这是基本人权。

融合教育的历史

你可能上过这种学校，残障学生在教学楼的大厅、教学楼单独的侧翼教室，或隔离的校区接受教育；也可能上过这样的学校，残障学生就坐在你身边。你自身的经历塑造了你对融合教育的个人看法。

1975 年之前，残障学生的上学权利是不受法律保护的。因此，很多有重度残障的学生都是在隔离学校或者机构里接受教育（家长付费）；还有些学生压根就没有接受过教育。1975 年，国会通过了《残疾儿童教育法》(Education for All Handicapped Children Act, EAHCA, PL 94-142)，后来又将其重新修订，最新版本称作《残疾人教育促进法》（2004, PL 108-446）。这部法律规定所有残障学生都有权接受公立教育，事实证明，对于残障学生及其家庭来说，这是向前迈进的一大步。这部法律也推动了全美国的融合运动。自 1975 年《残疾儿童教育法》颁布后，残障学生父母、倡导者和教育工作者一同努力接纳每个孩子——努力为一个又一个孩子制订计划。融合运动的第二步是创建真正的融合教育学校。自 20 世纪 90 年代以来，我们已经看到越来越多的学校创建了为所有在普通教育环境中学习的残障学生提供融合服务的系统。我们知道融合是可以实现的，并且在许多地方融合进行得非常好。我们还清楚地知道，要实现融合是需要领导力的。根据《残疾人教育促进法》，所有残障学生都有权在最少受限制环境中接受免费、合适的公立教育（Free Appropriate Public Education，FAPE）。我们将在下文逐一讨论这些术语的定义。

免费、合适的公立教育

为了准确理解这个术语对于残障学生及其家庭的意义，把这几个词分开来看比较有用。

免费（Free）：所有残障学生都有权上学，为了满足其独特的教育需求所必需的支持、辅助、服务均应由公费负担，无须家庭付费。

合适（Appropriate）：必须为残障学生提供辅助技术、支持资源、辅助服务，使他们能够参与学业及课外活动。这些信息都要写进学生的个别化教育计划中。

公立教育（Public Education）：不管是什么样的公立学校，都必须保证提供特殊教育。

最少受限制环境

《残疾人教育促进法》中并没有提及"融合"这个词，但是却明确提到了"最少受限制环境"这个术语，用来支持融合的理念。2004 年修订的《残疾人教育促进法》规定所有残障学生都有权在最少受限制环境中得以安置。

最少受限制环境指的是，在适合的前提下，学区应最大限度地让残障学生与没有残障的同龄人一起在普通教育学校接受普通教育，并为他们提供适当的辅助与支持，这些辅助与支持称为额外的辅助与服务（IDEA, 2004）。

根据最少受限制环境的规定，安置残障学生的时候应首选普通教室，之后才考虑其他限制比较多的环境。

什么是额外的辅助与服务？

教育工作者曾经采取的比较有效的额外辅助与服务形式包括对通识教育课程安排进行适当改动或者为学生提供合理便利（例如按需调整座位、使用电脑、录制讲座、减少久坐时间、教学内容分级、改变学习成果的呈现方式、改变教学过程等），配备接受过特殊教育培训的教师，为普通教育教师提供特殊教育培训，使用计算机辅助设备，帮助学生记笔记，更改教学材料等。有关额外的辅助与服务的更多例子，请参见图3.1。

教育工作者必须用尽所有可能的辅助和服务，证实无效之后，才能判定学生不适合普通教室。《残疾人教育促进法》中并没有明确提及"融合"这个字眼，但是却隐含了这个意思，最少受限制环境和各种各样的额外辅助与服务就是用来支持融合的理念，所以，融合是由学者们定义的。

融合教育的定义

昆茨将融合教育定义为：

> 对人类社群多样性的尊重与保护。如果我们完全接受了融合教育的理念，那就不会再有这样的想法：孩子必须要变得"正常"，对这个世界才有价值……我们就会看到，除了传统方式，其他方式也能让我们成为这个社群中有价值的一员，如果能够看到这一点，我们就会努力去实现这个目标——让所有孩子都获得真正的归属感，而这个目标，是可以实现的。（1992, p. 20）

关于融合教育，乌德瓦里-索尔纳（Udvari-Solner）给出了不同的定义：

> 融合教育推动了对当前校园文化的反思与批评，从而激励教育实践者重新思考教育可以是什么样子、应该是什么样子，打造更具人文情怀、更为公正、更为民主的学习环境和氛围。学生遭遇不公正对待、教育机会不平等的现象引起了人们的关注，让大家更加重视人权，尊重差异，保护多样性。（1997, p. 142）

融合教育是什么样的？融合课堂的特征

融合教育环境有一些特征表现，首先，每个班级的残障学生比例应该是该校残障学生占比的自然反映；其次，普通教育教师和特殊教育教师应该开展团队教学；学校方面，应该积极营造融合氛围，开展差异教学，让每个学生都能留在普通课堂接受教

参考对照表：
额外的支持、辅助与服务

使用说明：考虑某一学生需要何种个别化的支持、辅助或服务的时候，可以参考该对照表，判断哪些形式的支持干扰最少，哪些形式的支持仅在必要时才特别提供，哪些形式的支持对于当时的课堂情境来说最适合、最自然。

环境方面
- ☐ 按需调整座位
- ☐ 事先安排座位
    - ☐ 校车
    - ☐ 教室
    - ☐ 餐厅
    - ☐ 礼堂
    - ☐ 其他地方
- ☐ 调整室内环境布局（特别要求：_____）
- ☐ 使用自习室或者安静角
- ☐ 详细划分并规定区域功能（比如使用地板块或者小块地毯区分、在地板上贴胶带划分）
- ☐ 尽量减少分散注意力的东西或者事情
    - ☐ 视觉方面
    - ☐ 空间方面
    - ☐ 听觉方面
    - ☐ 运动方面
- ☐ 在如何把握空间距离方面，以肯定句的形式向学生明确规则[①]

教学节奏
- ☐ 放松时间要求
- ☐ 教学活动多样化
- ☐ 允许学生休息
- ☐ 不留限时抄写的作业
- ☐ 教材多备一份，假期在家预习使用
- ☐ 学习材料多备一份，在家预习或者复习使用

图 3.1　参考对照表：额外的支持、辅助与服务[②]（第 1 页，共 5 页）

[①] 译注：和学生说明可以做什么、应该怎么做，而不是"不能做什么"。
[②] 编注：本书中提供的可用于教学实践的图表，可关注"华夏特教"公众号获取电子资源。

教学材料的呈现方式
- [ ] 根据学生的学习风格 / 智能优势施教
  - [ ] 言语语言智能
  - [ ] 数理逻辑智能
  - [ ] 视觉空间智能
  - [ ] 自然观察智能
  - [ ] 身体运动智能
  - [ ] 音乐韵律智能
  - [ ] 人际沟通智能
  - [ ] 自我认识智能
- [ ] 使用主动体验式学习法
- [ ] 使用特别设计的专门课程
- [ ] 录制课堂教学以及讨论过程以备回放
- [ ] 使用手语和 / 或综合沟通法
- [ ] 事先准备笔记、概要或者整理工具（比如思维导图）
- [ ] 为学生提供其同学的笔记复本（比如使用复写本、复印等）
- [ ] 将教学内容与实际生活相结合
- [ ] 使用教学模型进行教学演示
- [ ] 在数学教学中使用教具和实物
- [ ] 重点突出关键内容或者主要意思
- [ ] 提前讲解词汇
- [ ] 制作、使用词汇表或者列出生词
- [ ] 降低阅读材料的语言难度
- [ ] 使用辅助交流法（Facilitated Communication[①]）
- [ ] 使用视觉提示梳理想法 / 步骤
- [ ] 让学生结对，一起阅读 / 写作
- [ ] 课堂教学或者活动期间减少久坐时间
- [ ] 使用日记或者学习日志
- [ ] （学生不懂）教学指令或者教师提出的问题时，教师重新组织语言 / 解释
- [ ] 用简单语言帮助学生预习和复习主要内容

教学材料
- [ ] 每页内容不宜过多
- [ ] 将教材以及其他课堂材料录制成有声书

图 3.1　参考对照表：额外的支持、辅助与服务（第 2 页，共 5 页）

[①] 编注：辅助交流法（Facilitated Communication），也叫支持式打字，指一个人用肢体辅助另一个人，帮他指图片和文字。其设计基于这样的理念：沟通障碍人士面临的很多困难是因为运动障碍，而不是社交或沟通障碍。但这种方法至今颇具争议，有很多研究证明其是伪科学。

☐ 使用学习指南以及先进的整理工具
☐ 使用补充材料
☐ 辅助学生做笔记
☐ 复制课堂笔记
☐ 将考试试卷以及课堂笔记扫描，存入电脑
☐ 使用大字课本
☐ 使用盲文材料
☐ 使用沟通本或者沟通板
☐ 提供辅助技术和软件（比如 IntelliTalk[①]）

专门设备或者程序

☐ 轮椅	☐ 助行器
☐ 康复站立板	☐ 姿势固定装置
☐ 电脑	☐ 电脑软件
☐ 电子打字机	☐ 视频
☐ 改装键盘	☐ 语音合成器
☐ 辅助开关	☐ 扩大性沟通设备
☐ 导尿管	☐ 呼吸器
☐ 腿部支架	☐ 卫生间辅助设备

☐ 特制餐具、盘子、杯子以及其他材料

对作业进行改动

☐ 将任务分解成小步骤进行（文字/图片/口头）说明
☐ 给出口头指令，配有文字解释备用
☐ 给出口头指令，辅以图片说明
　　☐ 降低难度
　　☐ 提高难度
　　☐ 减少作业量
☐ 减少书写作业
☐ 将指令念给学生听或者录制下来
☐ 给出提示或者辅助
☐ 允许学生录制作业或者打字完成作业
☐ 对作业单和作业包进行调整
☐ 如果学生在能力上无法满足课堂要求，另外布置其他作业作为替代
☐ 忽略拼写错误/字迹潦草
☐ 忽略书写问题

图 3.1 参考对照表：额外的支持、辅助与服务（第 3 页，共 5 页）

---

① 译注：IntelliTalk，一种文字处理程序。

自我管理 / 跟进确认
☐ 准备图片或者文字形式的日程表
☐ 准备学生日程安排表
☐ 经常检查，确认学生是否理解 / 是否记住
☐ 要求家长强化巩固
☐ 要求学生重复指令
☐ 教授学习技能
☐ 使用活页夹整理材料
☐ 针对不是马上就交的作业，设计 / 书写 / 使用完成作业的长期计划，明确各个时间节点
☐ 在真实情境中复习和练习
☐ 在不同的情境中教授技能，为泛化使用所学技能做好准备

考试调整
☐ 提供口头解释，或者将考题读出来，或者既读考题又给出解释
☐ 以图片的形式进行解释 / 提问
☐ 将考卷念给学生听
☐ 事先检查考题的措辞
☐ 考题适用真实生活情境
☐ 安排单独考试
　　☐ 使用简短回答
　　☐ 使用选择题
　　☐ 缩短考卷长度
　　☐ 延长考试时间
　　☐ 开卷考试，允许学生参考笔记或者教材
☐ 调整考卷形式，避免看起来太过复杂，或者引起混淆

社交互动支持
☐ 利用自然的同伴支持，多个同伴轮流"值日"
☐ 利用学生同伴，倡导支持接纳
☐ 利用合作学习小组
☐ 实施同伴辅导
☐ 创造社交互动机会（比如玩"朋友圈"的游戏）
☐ 着眼于社交过程，不纠结社交成果
☐ 在学校和课外活动中让学生与别人有共同的体验
☐ 教其他同学如何交友、如何分享、如何协商

图 3.1　参考对照表：额外的支持、辅助与服务（第 4 页，共 5 页）

☐ 教授社交沟通技能
　　☐ 问候
　　☐ 对话
　　☐ 轮流
　　☐ 分享
　　☐ 协商
　　☐ 其他技能

工作人员支持（先考虑上述支持形式，判断无效之后再考虑工作人员支持）
☐ 咨询
☐ 临时短期支持
☐ 团队教学（平行、辅助、互补或者协同教学）
☐ 工作人员进入课堂提供日常支持
☐ 工作人员全程支持（工作人员与学生距离很近）
☐ 一对一辅助
☐ 专业人员支持（如果需要，则需明确所需时长）

支持形式	所需时长
☐ 教学支持	＿＿＿＿
☐ 医疗支持	＿＿＿＿
☐ 行为支持	＿＿＿＿
☐ 手语支持	＿＿＿＿
☐ 护理支持	＿＿＿＿
☐ 作业治疗	＿＿＿＿
☐ 物理治疗	＿＿＿＿
☐ 语言治疗	＿＿＿＿
☐ 扩大性沟通支持	＿＿＿＿
☐ 交通支持	＿＿＿＿
☐ 咨询	＿＿＿＿
☐ 适应性体育支持	＿＿＿＿
☐ 转衔计划支持	＿＿＿＿
☐ 引导/助行	＿＿＿＿
☐ 就业咨询	＿＿＿＿

图 3.1　参考对照表：额外的支持、辅助与服务（第 5 页，共 5 页）

来源：Republished with permission of Sage Publications, from Villa, R.A., Thousand, J.S., & Nevin, A.I. (2008). *A guide to co-teaching: Practical tips for faciliting learning* (2nd ed., pp. 169-171). Thousand Oaks, CA: Corwin Press; permission conveyed through Copyright Clearance Center, Inc.
　　In *The Principal's Handbook for Leading Inclusive School* by Julie Causton and George Theoharis (2014, Paul H. Brookes Publishing Co., Inc.）

育；另外，在教学活动上应该吸引学生兴趣。下面我们将逐一介绍这些特征表现。

残障学生比例

不管是哪个班级，残障学生人数都应该反映该校残障学生的比例。例如，如果该校残障学生占比为12%，那么每个班级的残障学生比例就不应该超过12%。在融合班级，残障学生比例不应该超过50%。一个班级里残障学生人数过多，特殊教育需求就会过于集中，那么这个班级就变成一个特殊教育场所了。作为校长，了解合理的残障学生比例至关重要，因为校长要经常参与制订学生的课程表并将学生安置到教室中。

开展协同教学

融合课堂常常要有两位教师（一位普通教育教师和一位特殊教育教师），二人共同承担所有学生的教学任务。助理教师通常负责为课堂上的残障学生以及其他所有学生提供额外的支持。

营造融合氛围

在融合班级里，教师不断努力营造融合氛围，保证让学生感到师生关系、生生关系都是密切而融洽的。融合氛围有个宗旨，就是不同的人有不同的学习方式。打造融合氛围的方式多种多样，不变的是，每个融合班级每天早上或者每节课开始的时候可能都会开个小会，请学生跟同学分享某个东西或者讲一件对自己很重要的事儿。你可能也见过学生按一定的规定机制去了解彼此的组织方式。例如，学生可能会做一个名叫"书包里的家庭作业"的游戏，在这个游戏中，每个学生都从书包里拿出一个能代表自己的东西，与其小组的其他同学分享。

差异教学

很显然，在融合教室里，共处同一学习空间的学生在学业、社交和行为等各个方面的水平和需求都不一样。因此，差异可以体现在教学内容上。不同学生的学习目标可能是相似的，不过可能需要以不同的方式达到这个目标。例如，所有学生可能都在做数学题，不过有些学生是用教具做，有些是自己演算，有些是用计算器检查，还有些是用可擦写记号笔和白板演算。

残障学生不必离开教室

融合教室没有那扇"离开"的门，教师不会让残障学生出去单独接受特殊教育。特殊教育服务、各种领域的干预及其相关服务都是在普通教室里开展的。例如，学生可以在参与阅读教学时达成他的语言治疗目标，而不是跟言语语言治疗师去另外一个小房间接受单独辅导。

吸引学生

融合课堂没有太多大班课，就是老师一直讲、学生被动听的那种模式。在融合课堂学习是很有意思的事情。教师设计教学活动的时候会考虑学生不同的学习风格。在融合教室里，学生会积极主动地学习。他们经常站起来，离开自己的座位，还经常参加小组活动和结对活动。教学内容需要满足学生的需求，允许他们到处走动，和同学一起学习，还要允许他们去体验。

融合教育与干预反应模式如何相互配合？

全国各地很多学校和地区都采取了干预反应模式（Response To Intervention, RTI）[①]的三级干预模型，这个模型通常呈三角形：三角形最底层是精心设计的课程教学，中间层是针对某些学生进行特定干预，最上层是针对少数学生进行更多干预，甚至是更为集中的干预。如果以干预反应模式的框架或者积极行为支持（Positive Behavior Support, PBS）三级框架来解读融合教育，那么可以说，真正的融合教育能够大大扩展这个三角形最底层的覆盖范围，在这个层面也有很多学生常常面临重重困难，融合教育可以让他们在学校生活得更加顺利轻松。重要的是，要认识到那些开展融合教育的学校在这些孩子身上确实看到了效果，要是没有融合教育，他们一般都是在限制更多的环境里接受干预。

在实践中，RTI试图通过改变干预的强度（即提供明确的指导、增加干预频率、延长干预持续时间、创建同质群体）补救所谓"有风险"学生的缺陷（Ferri，2011）。这种做法实质上是促进了同化。在采用RTI时要特别谨慎，因为我们在实践中不断看到，很多学校在运用RTI的过程中，没有对普通教育课程进行调整，或者没有对其他教学策略进行整合以满足学生的需求，只把对干预无反应的学生的数据记录在案，仍然将学生视为有缺陷的。这是非常危险的，因为如果学校不将"问题"的原因归为学生和学校学习环境之间的不匹配、课堂运行方式以及使用的教学方法的问题，而是认为"问题"或缺陷在于学生本身，那么教育工作者就不太可能对课程进行调整或者进行差异教学。

有些学校希望对某个目标学生群体进行针对性的干预，而融合教育与此不同，融合教育提供的是无缝衔接的融合支持。开展融合教育的学校是在普通教育环境中通过打造融合氛围和开展差异教学更好地满足学生的需求，让学生有机会接触丰富的社交环境，有机会学习核心课程。

[①] 译注：也译作介入反应模式、反应干预模式。

关于个别化教育计划，我需要了解什么？

接受特殊教育服务的学生必须有个别化教育计划。有个别化教育计划的学生是经过团队评估和观察之后被判定确实存在障碍的学生。个别化教育计划是由团队撰写的计划，明确该生在某一学年需要重点优先学习的东西，具有法律效力（Huefner, 2000）。撰写个别化教育计划的团队成员有家长、学生本人（在合适的情况下）、普通教育教师、特殊教育教师、学区代表及其他必需的专业人员（比如心理学家、言语语言治疗师、作业治疗师、物理治疗师）。为了撰写计划，团队成员每年都要召集会议，评估并记录学生的需求，确定下一学年在普通课堂融合方面应该达到哪些目标，并把这些写进年度计划。根据美国教育部的要求（2004），个别化教育计划必须包括下列信息，这是法定要求。

- 学生目前的表现——学生在不同的科目领域的表现如何；
- 可以量化评估的长期目标以及阶段性目标——下一年度学生在不同的方面应该达到的目标；
- 特殊教育及其相关服务——由特殊教育工作者提供的服务的种类、级别及数量；
- 该生与普通学生的融合达到什么程度——个别化教育计划必须明确学生与同龄普通学生在一起相处的时长；
- 说明如何测量学生的进步幅度——团队需要说明如何测量学生是否有进步、进步有多大、多久测一次；
- 需要做出的改动——为了满足学生的需求，需要做出哪些改动和调整；
- 是否参加全国考试——个别化教育计划需要说明学生是否参加全国性的考试，如果参加，需要对考试做出哪些改动；
- 服务地点——学生接受服务的时长和地点（比如普通教室）；
- 转衔服务——针对年满 16 岁的学生，必须明确如何做好转衔的准备。

校长可以作为当地教育机构代表参加制订个别化教育计划的会议，监督 IEP 的制订过程。此外，校长还应负责做出有关于财政开支方面的决定。比如，如果家长要求给他们的儿子或女儿配备助理教师，校长就要评估学生是否需要配备助理教师，因为配备助理教师代表着需要有财政方面的支出。表 3.2 提供了如何解读 IEP 的指导。当我们看一份 IEP 时，从两个部分着手是最好的：(1) 学生现有水平和表现；(2) 学生的长期目标和具体干预目标。你要边看 IEP，边填写个别化教育计划速览表或者总结长期目标和具体干预目标及其他重要信息。图 3.2 是一份个别化教育计划速览表。你还需要记住的是 IEP 中的内容是保密的，不能和团队以外的人员分享。泄露学生的信息不但是对学生的不尊重，更有可能是违法行为（20 U.S.C. § 1412 [a] [8]; § 1417 [c]）。

任何有问题行为的学生的 IEP 中都应该包含行为干预计划。行为干预计划包括对于学生的行为进行功能评估，还要说明如何以积极的方式处理学生的问题行为。如果一名学生有行为干预计划，校长和教职人员应该执行该计划。

表 3.2 个别化教育计划要怎么看

1. 找到学生目前表现那一部分仔细阅读。思考下列问题……	• 这名学生在哪方面做得比较好，我现在了解清楚了吗？ • 这名学生都掌握了哪些技能，我现在了解清楚了吗？ • 针对这名学生，我知道哪些策略会比较有效吗？ • 我知道跟这名学生打交道的时候要注意避免什么吗？
2. 找到年度目标那一部分，查看每个目标。思考下列问题……	• 到这个学年结束的时候，这名学生应该能做什么，我现在了解清楚了吗？
3. 找到额外的辅助与服务那一部分（学生在普通教育环境中接受教育所需的辅助、服务、支持），仔细阅读。思考下列问题……	• 这名学生在普通教育环境中需要哪些服务和支持，我现在明白了吗？ • 我知道应该由谁提供这些服务或支持吗？ • 如果让我来提供这些服务或支持，我知道应该怎么做吗？
4. 找到特别设计的教学活动那一部分（由特殊教育工作人员提供的直接教学和服务），仔细阅读。思考下列问题……	• 这名学生需要哪些特别设计的教学指导？ • 需要在哪里提供这些指导？ • 如果我需要为学生提供练习或支持，我明白应该怎么做吗？
5. 如果学生有行为干预计划，找到那一部分，仔细阅读。思考下列问题……	• 有哪些策略和技巧可以用来帮助提高适当行为发生的可能性？ • 如果问题行为开始升级，我该如何引导学生，让他做出适当行为呢？ • 如果学生开始表现出攻击性，我知道应对计划中用来缓和局面的操作步骤吗？
6. 阅读个别化教育计划的其余部分。思考这个问题……	• 关于这名学生的需求以及他需要的支持，我有什么需要和教育团队成员分享的吗？

有关融合教育的常见问题

问：对某些特定的学生来说，融合教育真的是最好的选择吗？

答：教师和助理教师经常提出这个问题。我们要知道的是教师和助理教师的工作就是想办法让普通教育环境适应学生的需求。

问：老师向校长报告他的学生"在课堂上什么都没学到"，并表明想把学生安置到隔离教室。校长应该怎么做？

答：老师的职责就是（在校长的领导下）对相关课程进行改编和调整，让学生从中学到东西。有时候，明确课程的目标并不容易。在这样的情况下，校长应该跟教师

个别化教育计划速览表

学生：_____ 年级：_____ 年龄：_____

完成日期：	
长期目标：	长期目标：
具体干预目标： ● ● ●	具体干预目标： ● ● ●
长期目标：	长期目标：
具体干预目标： ● ● ●	具体干预目标： ● ● ●
长期目标：	长期目标：
具体干预目标： ● ● ●	具体干预目标： ● ● ●
学生重要信息： ● ● ● ● ● ● ●	

图 3.2　个别化教育计划速览表

来源：Causton-Theoharis, J. (2009). *The paraprofessional's handbook for effective support in inclusive classrooms* (p. 35). Baltimore, MD: Paul H. Brookes Publishing Co., Inc.; reprinted by permission.
In *The Principal's Handbook for Leading Inclusive Schools* by Julie Causton and George Theoharis (2014, Paul H. Brookes Publishing Co., Inc.)

讨论期待的课程目标是什么？（学生要达到的目标可能有社交方面、精细运动方面的，或者只是出勤率方面的。）

问：家长打来电话抱怨课堂上有学生发出噪声，这非常影响他的孩子。应该什么时候把学生带离教室呢？

答：有些学生会在课堂上制造噪声或者让其他孩子分神。这样的行为是他们想跟人交流的表现或者是由他们的残障引起的。如果直接把制造噪声的学生带离课堂，带来的问题是巨大的。设想一下，你自己如果从课堂环境中被带走，你会有什么样的感受？你可能会感到愤怒、委屈或尴尬至极。学生也会有相同的感受。如果不停使用这样的方法，学生可能会疑惑自己是不是有什么不对。带走学生会让学生感到不安。每位学生都有权利在普通教室里接受教育，但是如果其他学生确实受到很大影响，不能集中注意力，我们也要妥善处理。如果学生有问题行为，我们的教育团队有责任找出问题并且帮助学生在课堂环境中管理他的行为，学生应该拥有决定自己是否需要休息一下的权利。

问：除了把学生带离课堂，老师还能做些什么？

答：老师还可以自己走开。有时候，换一名老师或者慢慢放手是处理这种困难情况的最佳方式。让学生自己选择（如选择不同的学习材料、选择和谁一起做事）也是帮助学生参与课堂的方式之一。学校领导者应该把带离教室视为最后才使用的方法。在第八章中，我们会给大家介绍更多管理问题行为的方法。

问：其他学生会嘲笑残障学生吗？

答：校长如果听到或者看到有关嘲笑戏弄残障学生的情况，应该立即做出反应。嘲笑戏弄绝不是融合应有的后果。实际上，在融合环境中，嘲笑戏弄的现象不应该出现，但是如果出现了，必须立即得到解决。

问：融合真的是法律规定的吗？

答：《残疾人教育促进法》并没有直接使用"融合"这个词，但是这部法律规定了所有学生必须被安置在最少受限制环境中。首先考虑选择的是普通教育环境，只有在学校证明他们尝试了在普通教育系统中运用恰当的辅助设施和服务教授学生无果后，才能考虑其他限制性更强的安置方式。

本章小结

今天的学校正变得越来越具有包容性，校长需要带头肩负起融合的责任。因此，了解融合教育的理论依据、融合教育的历史、融合教育的主要概念、融合指标以及个别化教育计划的概念框架，在融合环境中为学生提供最充分的支持，对校长来说非常重要。虽然校长要带头冲锋，但你不应该成为"孤勇者"，而要作为学校团队的领军人物。下一章的重点是校长如何打造协作团队，带领团队教育所有学生。

读后随感

第四章

领导融合教育学校改革

双校记

> "我们认为，只有当一所学校取消了将学生隔离开来进行单独辅导的做法时，这所学校才有可能实现公平公正，让所有学生取得优秀的成绩，成为一所真正成功的学校……"
>
> ——弗拉图拉和卡珀（Frattura and Capper, 2007）

在本书第一章中，我们认为校长是建立融合教育学校和实现融合愿景的关键性人物。自 1974 年开始，我们保证残障学生享有接受免费、合适的公立教育的权利，越来越多的残障学生在普通教育学校和班级接受教育（数据责任中心，2010 年；美国教育部，2009 年）。随着时间的推移，融合也在不断演变发展，越来越多的学校为残障学生提供了丰富多样的课程教学、与同龄人相处的机会，以及正式的学校和社区成员身份。随着融合教育不断发展，我们进入了标准和问责制时代，学校和学区对残障学生的学业成绩肩负起越来越多的责任，这些变化让我们必须关注特殊教育领域中融合教育的领导力。

在标准和问责制时代，残障学生能够成功的关键是获得机会，包括获得普通教育课程的机会（与标准化考试内容直接对接）、高质量教学的机会，以及能够与同龄人交往的机会（学校教育的社交和情感方面）。自从残障学生争取到了接受公立教育的权利，学者们逐步撰写了一系列具有说服力的文献，记录了融合服务对残障学生的影响（彼得森和哈蒂在 2009 年发表的文章中提到了相关系列研究）。最近，科西尔（Cosier, 2010）对国家数据库进行了研究分析，发现所有残障类别的学生在普通教育环境中每多待一小时，成绩都会相应提高。因此，最大限度地增加所有残障学生获取普通教育的机会至关重要。本章重点介绍融合教育学校改革，即学校领导者如何将他们的学校转变为面向所有学生的融合教育学校。

为了更好地了解这一变革，我们参考了一些有关领导者在为残障学生建立融合学校中起到作用的文献（Capper, Frattura & Keyes, 2000; Capper & Frattura, 2008; McLesky & Waldron, 2002; Riehl, 2000; Theoharis, 2009）。结合这些研究成果，以及我们与众多学校和学区合作的经验，我们总结出了一些关键点，为融合教育学校改革的实践提供了理论基础。成功建立融合学校的学校领导者采取了多种策略，包括:（1）设定愿景；（2）制订民主的执行计划；（3）统筹教职人员（教师和助理教师），提供融合教学服务；（4）建立和培养团队，共同合作，满足学生的各种需求；（5）为教职人员提供不断学习的机会；（6）每年监测并调整服务内容；（7）有的放矢地努力为学生和员工营造有归属感的氛围。在这些基础性研究与实践之上，我们提出了融合教育学校改革框架。

融合教育学校改革

融合教育学校改革让所有残障学生（包括重度残障学生、轻度残障学生、情绪障碍学生、孤独症学生等）进入普通教育环境学习，并为他们提供融合服务，以满足他们的需求，同时不再使用单独辅导或抽离式的特殊教育方式。下面我们将概述改革的七步流程。这一改革过程是用PATH[①]规划的（Pearpoint, O'Brien & Forest, 1993）。图4.1展现了融合教育学校改革规划流程。在融合教育学校改革过程中，每一步都以民主和透明的方式进行是非常重要的。我们建议由学校管理人员、普通教育教师、特殊教育教师的代表和其他工作人员组成的领导团队共同完成改革。在整个过程中，这个团队不断收集全体员工的反馈，并和他们及时沟通。

第一步：设定愿景

首先，团队围绕三个领域为学校改革计划设定愿景（图4.1 融合教育学校改革规划流程的第一步），主要包含：(1) 学校组织结构（即我们如何安排老师和学生）；(2) 在普通教育环境中，满足所有学生的需求；(3) 学校校风。许多学校已经经历了这一变革过程。我们为您提供了一所K-8（从幼儿园到八年级）学校在其融合教育学校改革工作中的目标作为示范。

组织结构目标（我们如何配置老师和学生）
- 学生被均衡安置在班级中，每个班级中都有积极正向的榜样。
- 有专门人员组织教职人员每月召开高效的月度沟通会议，围绕融合教育的各种主题展开讨论。

满足普通教育教室中所有学生的需求目标
- 创造垂直沟通的机会，保证不同年级之间教学的连续性。
- 提供以学生为中心的、差异化的、以研究为基础的、能够激发所有学生能力的教学，并且对教师发展提供针对性的支持。

学校校风目标
- 勘察学校环境，确定方便各个年级的教师进行备课、提供支持和实施融合的地点。
- 制订时间表，留足固定的备课时间，以促进教师间的沟通。
- 制订和实施促进专业学习社区建设的流程和方法（例如，协作、共识、尊重不同意见）。

[①] 编注：PATH，全称"Planning Alternative Tomorrows with Hope"，是一种参与式的规划方法，遵循以人为本的原则，让参与者通过图文并茂的方式提出愿景并规划实现。

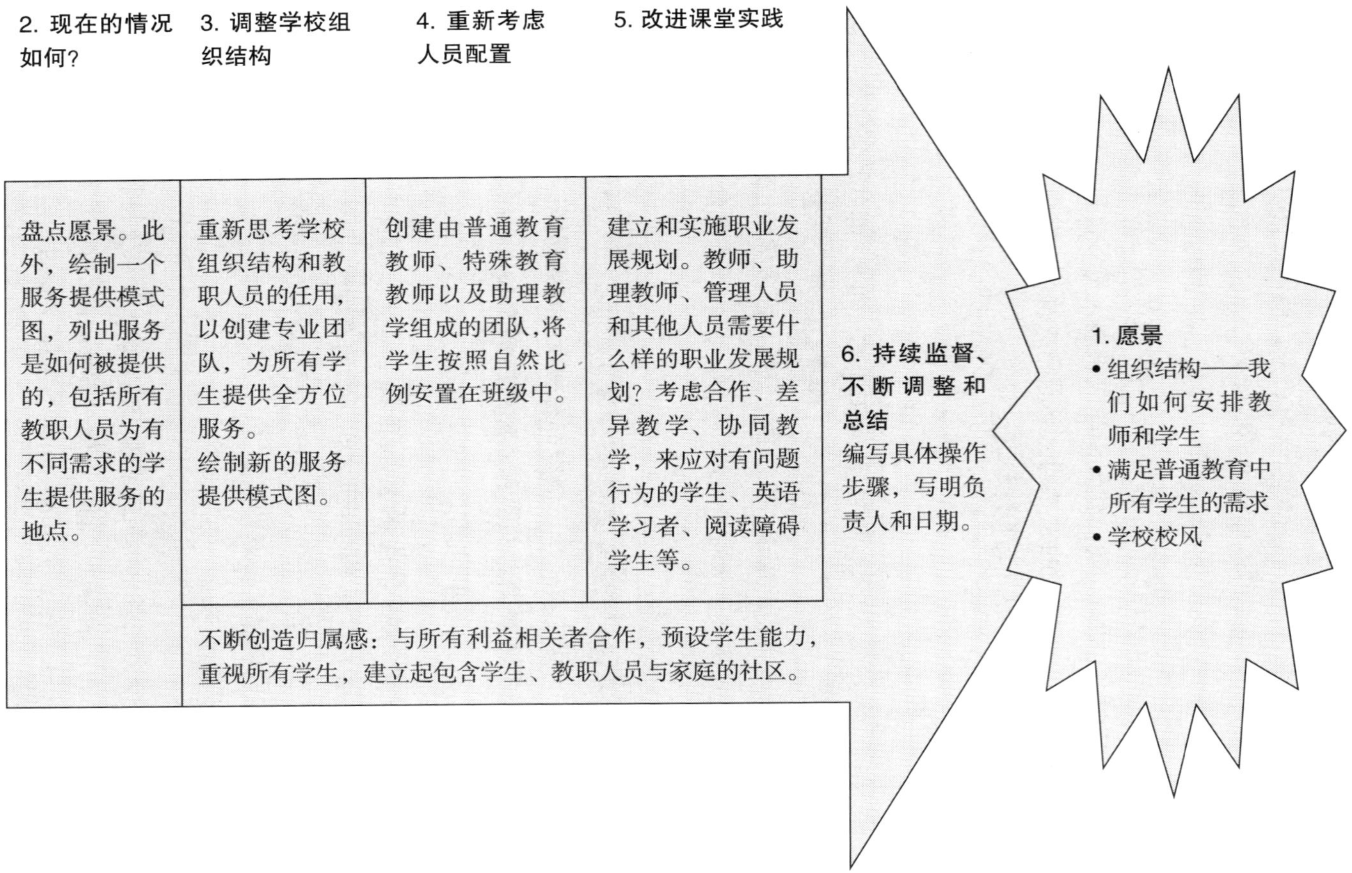

1. 愿景
- 组织结构——我们如何安排教师和学生
- 满足普通教育中所有学生的需求
- 学校校风

2. 现在的情况如何？
盘点愿景。此外，绘制一个服务提供模式图，列出所有被提供的，包括所有教职人员是如何为有不同需求的学生提供服务的地点。

3. 调整学校组织结构
重新思考学校组织结构和教职人员的任用，以创建专业团队，为所有学生提供全方位服务。绘制新的服务提供模式图。

4. 重新考虑人员配置
创建由普通教育教师、特殊教育教师以及助理教师组成的团队，将学生按照自然比例安置在班级中。

5. 改进课堂实践
建立和实施职业发展规划。教师、管理教师和其他人员和其他人员和其他人员和专业发展规划？考虑合作、协同教学，来应对有问题行为的学生、英语学习者、阅读障碍学生等。

不断创造归属感：与所有利益相关者合作，重视所有学生，教职人员与家庭建立起包含学生的社区。

6. 持续监督、不断调整和总结
编写具体操作步骤，写明负责人和日期。

图 4.1　融合教育学校改革规划流程

来源：Pearpoint, O'Brien, & Forest, 1993.

第二步：现在的情况如何？绘制服务提供模式图

第二步，我们建议领导者团队检查现有特殊教育服务的提供模式、人力资源分配方式及其他重要数据。这一过程要求领导团队绘制出学校当前的特殊教育服务提供模式图，并明确如何分配人力资源来满足学生的各种需求。团队为了了解当前的服务提供情况并一起讨论，有必要对教室、特殊教育服务提供者、普通教育教室及学生如何获得相关服务进行可视化呈现。绘制服务提供模式图的一个必要环节是将哪些教职人员从哪些教室将学生带出去单独辅导、哪些学生在隔离教室学习、哪些助理教师在哪里提供服务，以及学校所有教职人员如何工作和在哪里工作的全面情况呈现出来。

图4.2是一所小学在融合教育学校改革前的服务提供模式。四周的矩形代表着普通教育教室。中间标有"资源"的椭圆形代表用抽离式服务将各个教室的残障学生带出来进行单独辅导（如箭头所示）的特殊教育教师。标有"隔离教室"的圆圈代表了各

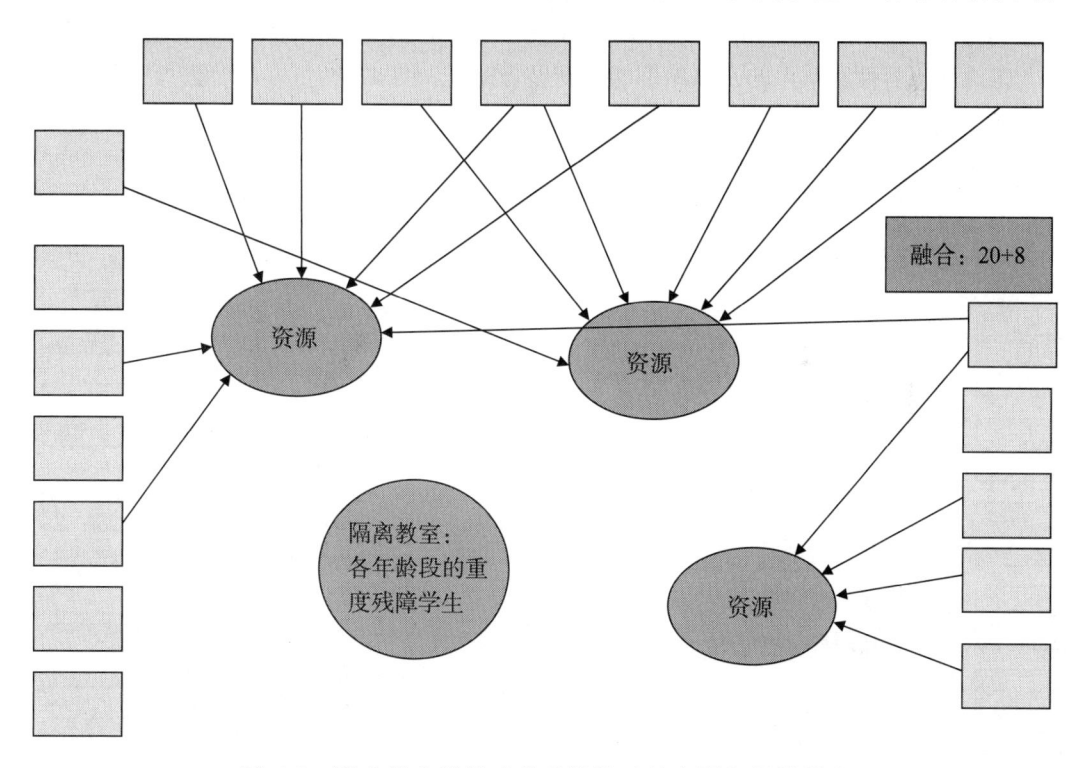

图4.2 融合教育学校改革前的特殊教育服务提供模式

（注：矩形代表着基础普通教育教室：从幼儿园到五年级。椭圆形代表着特殊教育教师。资源代表着一位特殊教育教师把学生从普通教育教室带出来单独辅导。"融合：20+8"代表着普通教育教师与特殊教育教师协同教学，教室里有20名普通学生和8名特殊学生。"隔离教室：各年龄段的重度残障学生"代表着一个特殊教育教室，所有有重度残障的学生集中在这里上课，并度过大部分校园时光。）

Reprinted by permission of the Publisher. From George Theoharis,
The School Leaders Our Children Deserve, New York: Teachers College Press.
Copyright © 2009 by Teachers College, Columbia University. All rights reserved.

个年龄段一整天都在隔离教室学习的残障学生，他们与接受普通教育的其他同龄人分开。标有"融合：20+8"的矩形代表了以前的"融合"课堂。这个课堂有大约20名普通学生和8名残障学生。

这种旧的服务提供模式将残障学生集中在某些教室；其他教室既没有残障学生，也没有来自成年人的额外支持。这幅图非常好地反映出了学校内特殊教育教师提供支持的方式。正如大家所看到的，在这个模式中，一些学生在大部分时间甚至一整天都被排除在普通教育课程、教学之外，缺乏与同龄人的社交互动。

第三步：调整学校组织结构

第三步，我们需要重新思考学校组织结构和教职人员的安排，然后组建专业团队，为所有学生提供融合教育服务。换句话说，我们要建立一个新的服务提供模式。在绘制新的服务提供模式图后，学校领导者通过重新安排教职人员岗位，制订新的融合服务提供计划，进而创建和而不同的班级。在这样的班级中，所有学生都能参与课堂学习，班级的包容性和学生的归属感都能得到显著提升。图4.3提供了融合教育服务提供模式的示例。

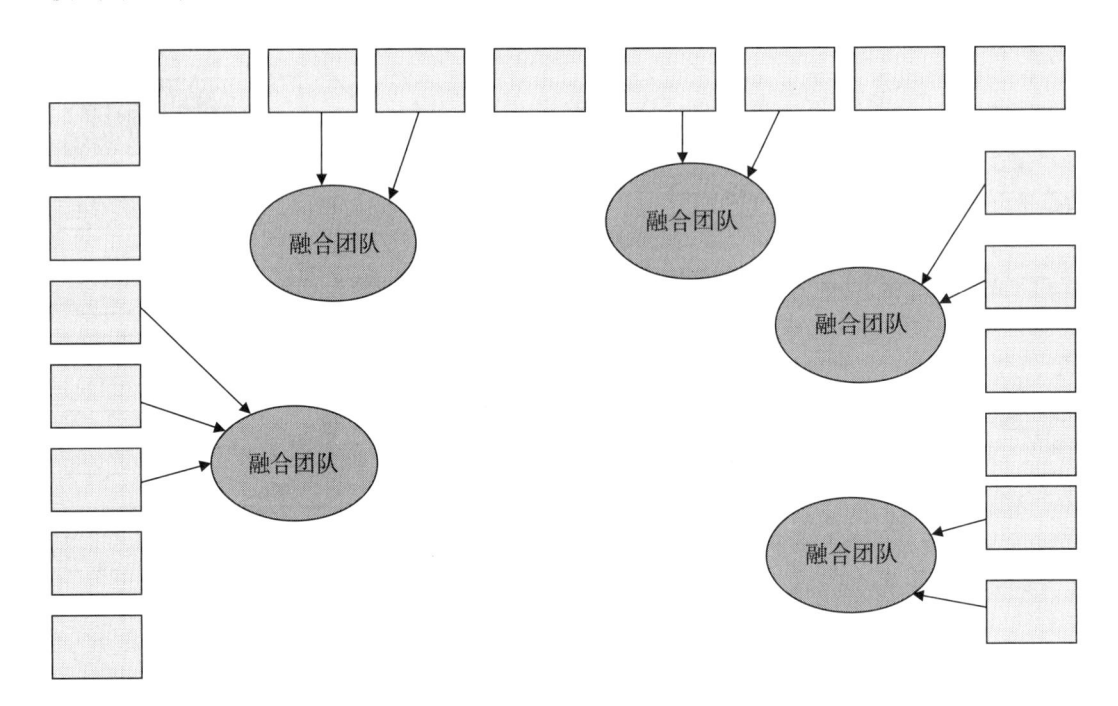

图 4.3　融合教育学校改革后的融合服务提供模式

（注：矩形代表着普通教育教室。椭圆形代表着特殊教育教师。融合团队由一名特殊教育教师与两至三名普通教育教师组成，以满足教室内所有学生的需求。每个团队还配有一名助理教师。）

Reprinted by permission of the Publisher. From George Theoharis,
The School Leaders Our Children Deserve, New York: Teachers College Press.
Copyright © 2009 by Teachers College, Columbia University. All rights reserved.

图 4.3 所示的新融合服务提供模式和图 4.2 所示的改革前的特殊教育服务提供模式来自同一所学校。学校管理人员重新安排了教职人员岗位，组建了由特殊教育教师和普通教育教师构成的团队，团队成员共同规划并向不同的学生群体提供融合服务。在这个示例中，学校选择将特殊教育教师与两到三个普通教育班级及其教师配对，作为融合团队的一部分。需要注意的是，实现全面融合的过程中，学校并没有增加新的资源或人员。如果学校使用额外资源提供融合服务，当这些资源消失时，融合计划就会分崩离析。我们知道，每个学校的领导者都希望有更多的资源和更多的人员来支持学生。然而，现实中，学校往往只能利用现有资源和人员编制提供融合服务。

一些学校总是忍不住保留一些隔离式的服务项目。例如，一所学校试图在保持隔离项目的同时，推进融合服务。这导致教职人员捉襟见肘，一些学生仍然被排除在外，一些学生进入某些班级造成教师负担过重。学校领导层意识到，他们需要让所有教师都参与到全面融合的计划，并在第二年根据需要调整他们的计划。这提醒了我们，我们需要使用所有可支配的资源创建新的融合服务模式，而不是试图将一些学生和一些资源分开。

第四步：重新思考人员配置，组建教学团队

融合教育学校改革的第四步是重新思考教职人员的配置。我们需要创建由普通教育教师、特殊教育教师、母语非英语学生（English Language Learners, ELLs）的教师和助理教师等组成的团队，为所有学生提供全方位的服务。在图 4.2 和图 4.3 所示的学校中，特殊教育教师以前是隔离教室中的教师（图 4.2），而现在他们与两名普通教育教师（图 4.3）和一名助理教师共同备课、协同教学。本书的第五章主要针对这些团队成员间的合作进行讨论。

第四步中的一个重要部分，也是该步骤的指导思想，是将学生按照自然比例安置在学校——普通学生和有特殊教育需要或其他需要（如英语学习）的学生的比例应为自然比例。这意味着，如果学校有 13% 的学生有残障，那么每个教室中的特殊需要学生的比例就应该和这一比例一致，而不是某个班级拥有超高比例的特殊需要学生。在任何学校，领导者的任务之一就是避免将大量有特殊需要的学生过度集中在一个教室或一堂课——无论是小学、初中还是高中。以自然比例的学生安置为指导原则，努力组建和而不同的班级是十分重要的，这个班级要容纳不同能力、不同成就、不同学习需求的学生。

第五步：改进课堂实践

到了第五步，重要的是改进新组建的教学团队开展的日常课堂实践。这涉及为教师、助理教师和管理人员制订并实施职业发展计划。我们建议学校考虑以下主题的职业发展培训：教学合作、协同教学、差异教学、问题行为、探究式教学、英语（外语）

学习方法和读写等主题。根据我们的经验，所有通过这一过程变得更具融合性的学校教师都在职业发展上花费了大量的时间和精力，学习教学合作、协同教学和差异教学。图 4.4 是为教学团队提供的课堂环境反馈表。本书的第七章和第八章重点讨论了领导者如何在学业和行为两个方面改善课堂实践。

第六步：持续监控、不断调整和及时表彰

融合教育学校改革进程的第六步是监控和调整计划，收集所有教职人员、学生及其家庭的反馈。开始时，学校会遇到不配合或反对的情况，这时候，不要放弃计划。在暑假期间和新学年开始的前几周，学校领导者要理清后勤工作，并根据需要调整教学计划，这是非常重要的。然后，领导者要继续监控并不断调整教学计划，领导团队要在每个学年的中期开始为第二年制订计划。

此外，领导者还要及时表彰学校改革中教职人员的辛勤付出——特别是针对教师团队必须承担的新角色和责任，表彰活动需要定时举行且贯穿始终。学校适合在秋季中旬举办员工表彰活动以保持继续改革的势头，邀请当地管理人员和媒体，打起横幅举办庆祝活动以进一步巩固对改革的承诺，以及举办年终表彰庆祝活动，以积极欢庆的方式结束一学年的工作。

第七步：坚持不懈，营造有归属感的氛围

贯穿融合改革始终的是营造有归属感的氛围。这需要让所有教职人员参与融合改革的规划和实施。此外，营造有归属感的氛围意味着与学校的所有利益相关方紧密合作，让学生发挥最大潜能并重视所有学生。

每个班级全年都要有目的地进行社群建设，采用全校通用的社群建设方法，增强所有教职人员、学生及其家庭的归属感。如图 4.5 所示，这张观察表能够帮助教职人员提供关于归属感问题的反馈。

值得注意的是，我们的经验和研究证明，这七个步骤缺一不可。我们建议在第四步和第五步之间开始实施融合服务。

对学区的启示

上文所述的步骤详细说明了如何在学校层面开展融合教育。然而，还有许多的学区管理者询问如何创建一个充分融合的学区。一些学区管理者逐一在每个学校实施融合学校改革进程的七个步骤；另外一些管理者则采取更大规模的做法。图 4.6 概述了推动整个学区迈向融合时可用到的指南，并指出了一些常见的隐患。

课堂环境反馈表

	日期：	时间：
课程/内容：	教师： 1. 2.	
	其他在场教师：	

	目标	完成程度	具体说明
座位安排	残障学生不集中坐在一起	☐ 不确定 ☐ 较确定 ☐ 确定 ☐ 非常确定	残障学生被安排坐在哪里？
	学生自主选择座位	☐ 不确定 ☐ 较确定 ☐ 确定 ☐ 非常确定	
	所有学生被均衡安排在教室内	☐ 不确定 ☐ 较确定 ☐ 确定 ☐ 非常确定	课堂的座位安排是怎样的？
学生自主权	学生的学业作品和艺术作品在教室中展示	☐ 不确定 ☐ 较确定 ☐ 确定 ☐ 非常确定	教室墙面看起来是什么样子？
	课堂上可以看到学生手写的规则、日历、日程表等	☐ 不确定 ☐ 较确定 ☐ 确定 ☐ 非常确定	学生的自豪感在课堂上还有哪些表现？

图 4.4 课堂环境反馈表（第 1 页，共 2 页）

组织空间	为学生提供安静空间	☐ 不确定 ☐ 较确定 ☐ 确定 ☐ 非常确定	这些安静空间分布在哪里？空间里有些什么资料？
	教室根据不同的教学活动被划分成不同的区域	☐ 不确定 ☐ 较确定 ☐ 确定 ☐ 非常确定	学生分别在教室不同的区域参与什么活动？
	为学生提供指定的活动空间	☐ 不确定 ☐ 较确定 ☐ 确定 ☐ 非常确定	这个空间里有什么感官资源？
材料和调整	教师给所有学生提供课堂必需的材料	☐ 不确定 ☐ 较确定 ☐ 确定 ☐ 非常确定	教师在课堂上使用了什么材料？教师根据学生的需求对材料进行了调整吗？
	学生可以很轻易地获取他们所需的合理便利和交流设备	☐ 不确定 ☐ 较确定 ☐ 确定 ☐ 非常确定	教室里能提供什么合理便利和交流设备？
教师语言和语气	教师使用的语言和语气都是积极的并且尊重学生的	☐ 不确定 ☐ 较确定 ☐ 确定 ☐ 非常确定	教师和学生之间的语言互动是怎样的？
	教师使用专业的语言和语气，并且尊重其他教师	☐ 不确定 ☐ 较确定 ☐ 确定 ☐ 非常确定	教师之间的语言互动是怎样的？

评价：_____

_____

_____

图 4.4 课堂环境反馈表（第 2 页，共 2 页）

The Principal's Handbook for Leading Inclusive Schools by Julie Causton and George Theoharis
Copyright © 2014 by Paul H. Brookes Publishing Co., Inc. All rights reserved.

归属感反馈表

	日期：	时间：
课程/内容：	教师： 1. 2.	
	其他在场教师：	

	目标	完成程度	具体说明
同学友谊	教师帮助促成同学之间的友谊	☐ 不确定 ☐ 较确定 ☐ 确定 ☐ 非常确定	教师使用什么策略促进同学间的友情？
	无论是否有残障标签，班级中的友谊随处可见	☐ 不确定 ☐ 较确定 ☐ 确定 ☐ 非常确定	班级里有怎么样的友谊？
学生互动	教师使用合作教学策略	☐ 不确定 ☐ 较确定 ☐ 确定 ☐ 非常确定	实施了什么样的策略？
	学生和不同同学的互动	☐ 不确定 ☐ 较确定 ☐ 确定 ☐ 非常确定	发生了怎样的互动？
同伴支持	教师提供学生间互相辅导和指导的机会	☐ 不确定 ☐ 较确定 ☐ 确定 ☐ 非常确定	这些都在哪里发生？那里有什么材料？
	学生间互相学习、互相支持	☐ 不确定 ☐ 较确定 ☐ 确定 ☐ 非常确定	学生在教室各个不同的区域参与了什么样的学习活动？

图 4.5 归属感反馈表（第 1 页，共 2 页）

	目标	完成程度	具体说明
班级社群	教师采用的课程材料体现了民主平等的观念	☐ 不确定 ☐ 较确定 ☐ 确定 ☐ 非常确定	有关社会公正的话题是如何在课程中体现的？
	学生参与社群建设活动	☐ 不确定 ☐ 较确定 ☐ 确定 ☐ 非常确定	开展了哪些社群建设活动？

评价：_____
_____
_____
_____

图 4.5　归属感反馈表（第 2 页，共 2 页）

The Principal's Handbook for Leading Inclusive Schools by Julie Causton and George Theoharis
Copyright © 2014 by Paul H. Brookes Publishing Co., Inc. All rights reserved.

有关学校改革的常见问题

问：我已经意识到我们学校应该变得更融合，不过我认为我校教职人员需要提升技能，以满足学生的各种需求，也就是说，教师们应该首先变得更加高效。所以我们是不是应该先组织教师进行专业学习再进行改革？

答：我们已经看过许多学校在融合所有学生之前尝试这种方法了。最后事实证明，这在很大程度上是行不通的，因为大多数时候，教职人员认为自己可能永远都无法"达到足够的水平"，没有能力融合所有学生。这种方法也使得融合所有学生的目标变得遥遥无期，加上领导者变动和学校优先事项的频繁变化，实现真正融合的目标变得更加渺茫了。我们不建议采用这种方法。如果一定要采用这种方法，我们建议学校用不超过一年的时间培训教师，然后尽快接纳所有学生，进行融合。

问：一次进行一个年级的融合，然后慢慢进行全校融合，这样会不会效果更好？

答：我们也使用过这种方法，我们对这种方法有两个主要的担心。第一，一次进行一个年级的融合（即从幼儿园到八年级）需要9年，融合所有学生需要花费长达数年的时间。第二，这种缓慢的节奏往往会成为全面实施融合的障碍，因为学校领导者在变，优先事项在变，教职人员可能会在融合中生出额外的障碍，使得融合的势头消失殆尽。我们不建议采用这种方法。

问：从愿意进行融合的教师开始，让其他教师看看如何才能实现融合，这种方法会不会更好呢？

答：充满热情的教师，再加上渴望协同合作的专业教师团队，把握住这两点优势确实非常有用。但只有这些不足以完全融合所有的学生，这样的融合只能让学校里的极少数学生受益，也很少能扩展到整个学校，同时那些没有意愿加入融合队伍的教师会继续错误地认为自己不是残障学生的教师。

问：在朝着融合的方向不断努力时，我们让一些特殊教育教师为有重大需求的学生进行抽离式干预或提供功能性技能/自我隔离课程，这样是否可以呢？

答：我们强烈建议，在迈向融合的过程中，让融合成为整个学校的理念，并将所有资源（即特殊教育教师和普通教育教师）调动起来，组建团队，以满足所有学生的需求。我们亲眼看过有些学校虽然在朝着融合迈进，但保留了一些特殊教育教师单独进行的课程和抽离式干预服务。这使得正在努力让学生参与进来的教师分身乏术，只能提供一些碎片化的服务。我们不建议这样做，因为这种方法并没有利用所有可用的人力资源提高融合服务的效率，也没有让团队成员合理分工。要保持普通教育教师和

学区／学校融合安置指南

以下指南供学校领导者在制定和做出学生安置决策时使用。虽然本指南并非详尽无遗，但包含了一系列可以促进融合、提升归属感和改善学习的关键决策。

这些指导方针可用于避免一些常见的管理陷阱，能够有效避免阻碍进步、制造隔离的组织结构的产生。这些指南并不是获得成功的秘方，只是帮助建立起真正融合教育学校的组织结构，并将融合政策落实到位的建议。

家庭所在学区：所有的学生都在他们家庭所在学区内接受教育。

没有学生（包括具有重度残障的学生、有问题行为的学生、孤独症学生）被送到家庭所在学区以外的其他学区或合作项目中进行学习。

学区内的学校：所有学生都就读于他们应就读的学校和教室，无论其能力是否足够或他们的母语是否为英语。

学区内没有为了将残障人士隔离开来而设置的学校。

普通教育成员：所有学生都被安排在适合其年龄的普通教育教室中学习。

这是一项法定权利，不能因为教职人员的偏好或他们的工作舒适度而改变。每个班级中的学生群体都是多样化的。

特殊教育是一种服务，而不是某个地方。没有为了将残障学生隔离开来而单独开设的课程、校中校、班级。不能将残障学生安置在隔离学校或班级，不能为残障学生编制单独的课程。不能指定某些特定教室为融合教室，而其他教室是非融合教室。

密度检查：努力让学校的每个班级中残障学生的比例达到自然比例。

自然比例是指残障学生在学生群体中的百分比。如果学校里一共有 100 名学生，有 10 名残障学生，那么自然比例是 10%。美国残障学生的平均占比为 12%。

特殊教育教师的工作量：残障学生的安置让学生需求的强度和教师的管理责任趋于平衡。

这种平衡将某些被赋予"融合""资源""自习"或"情绪障碍"等特定任务的特殊教育教师转变为拥有相似角色和工作量的特殊教育教师。具有相似标签的残障学生不会被集中在一起。

团队安排：按照不同学生群体，所有教师（如普通教育教师、特殊教育教师、英语教师、阅读教师）被分配到不同的教学团队。

特殊教育教师被指派与两至三名普通教育教师或两到三个班级进行合作，以促进合作、沟通和共同备课。组建高效的教学团队教授同一批学生至关重要，要考虑将教师团队成员进行整合，同时培养教职人员的能力，使其能够对所有学生进行教学。教师需要专业培训才能承担这些新职责、开展合作，并且高效利用会议时间。

相关服务：相关服务是指提供给学生的移动式服务。

因此，相关服务提供者与课程教学团队进行讨论，向团队展示服务技巧和技术，并在普通教育范围内提供教学和支持。

相关服务提供者需要参与将学生安置在普通教育教室的过程以及普通教育课程的教学。

日程安排：使用时间表安排教学模块、协作备课和解决问题的时间，以及助理教师的日常指导和培训。

把总日程安排表作为工具促成协作性融合。为普通教育教师和特殊教育教师团队安排固定的备课时间至关重要。

教学执行团队：学区和学校的团队定期开会，重新配置资源，每学年修订教学计划。

学校根据学生的具体需求做出规划，这是一个持续不断的过程，包括重新评估现有教职人员的分工、团队的组建方式、班级安置情况和总日程安排表。

图 4.6　学区／学校融合安置指南

特殊教育教师的数量合理，让他们共同备课和教学，需要投入最多的资源（即所有员工）。

本章小结

本章着重介绍了学校为融合残障学生所进行变革的过程和学校领导者应如何在该过程中发挥作用。需要注意的是，从历史上看，残障学生并不是唯一被拒绝进入普通教育课堂的群体。非白人学生和低收入家庭的学生（他们接受特殊教育服务的数量明显高于其他学生群体，更加依赖更有限制性的安置环境）、母语非英语的学生、接受相关服务的学生及有问题行为的学生更有可能被排除在普通教育课程、教学和同龄人间的社交之外。需要重点强调的一点是，获取普通教育核心课程对所有学生都至关重要。

学生因接受任何类型的特殊教育服务而被带离普通教育教室，是一种妥协折中的方式。学生也会为之付出代价，即错过重要内容，并导致进一步落后。学校的改革如果做得好，不仅能够使残障学生得到很好的融合，其他所有边缘化学生群体也会得到很好的融合。教育工作者在安置学生时应优先考虑全日制普通教育课程、教学和与普通同龄人的社交。重点是在普通教育背景下无缝衔接地为学生提供他们所需的服务和支持，让所有学生发挥其社交和学习潜力。

读后随感

第五章

融合教育的中流砥柱
领导团队成员高效协作

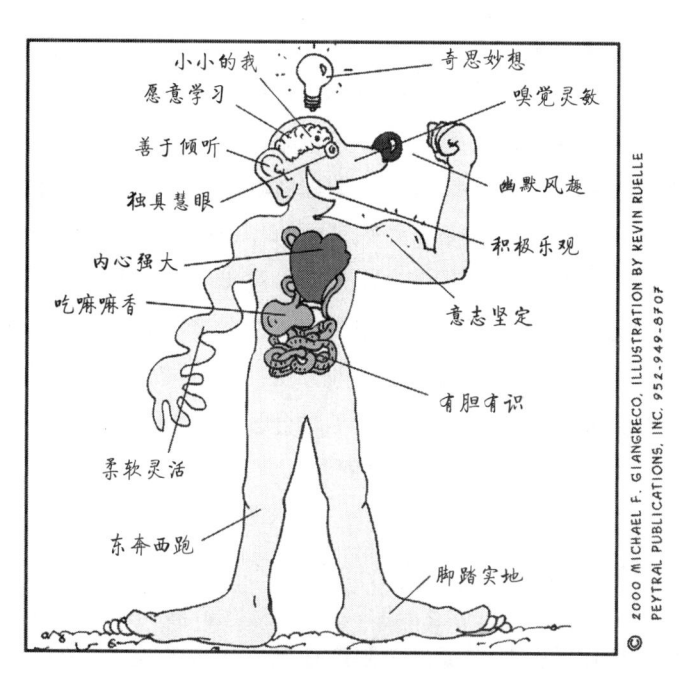

优秀团队成员解剖图

组建由普通教育教师和特殊教育教师构成的团队，团队成员共同备课，共同授课，这样融合教育才能真正运作起来。这才是融合教育学校的真正任务——多位教师进行日常备课和教学授课。当运行良好的时候，这一切就像使用了魔法一样。

——贾尼丝（校长）

我们能聚到一起是有原因的。我们的生活就像拼在一起的马赛克，没有谁能独自成画，每个人都是不可或缺的一部分。

——凯西和万斯伯格（Casey and Vanceburg, 1996, p. 138）

教育团队的专业人员包括教师、相关服务提供者、助理教师，这些人一起工作，帮助学生有意义地学习，提升学生的归属感，让班级里所有学生都获益。在融合课堂上，专业人员就像一块块拼图。每个人都是整幅拼图的重要组成部分。现如今的融合课堂上，普通教育教师与特殊教育教师、助理教师和治疗师共同授课是非常普遍的现象。组建高效的教育团队，并让多名教师高效协作是融合教育学校领导的最重要的任务之一。本章提供了能够领导团队成员高效协作的策略和工具。我们首先明确了一些无效实践和常见误区，然后解释了校长作为教学领导者在教学团队中的关键作用。我们还提出了发展团队和促进有效沟通的一般方法，以及校长为了帮助团队完成共同授课需要了解的重要概念。然后，我们讨论了融合教育学校中必需的保密伦理约束。最后，我们解答了一些有关团队合作的常见问题。

常见的误区

为了实现高效协作，校长必须最大限度地利用学校的人力资源，以确保所有学生的参与和有效学习。我们认为身为学校领导者必须了解一些常见的无效实践，进而避免使用这些无效的做法。首先，多名教师出现在融合教室里是很常见的。但是很多时候，这些宝贵的资源没有被好好利用。我们在进行课堂观察时，经常看到特殊教育教师只是充当了美其名曰"助手"的角色；有时我们看到教师、治疗师和助理教师大多数时候干坐在那里，几乎没有进行教学；有时我们看到一位教师（通常是普通教育教师）做了所有的教学工作，而其他老师则集中精力于一两名残障学生，提供过度密集的支持。在这样的场景中，我们看到特殊教育教师常常感到被贬低，助理教师不知道自己的角色是什么，只被分配去管理有重大需求的学生，而普通教育教师也感到沮丧，因为教室里的其他教师没有太大作用。高效合作旨在最大限度地发挥所有教师的作用以提供有效的融合服务。

另一个常见的问题是，教师、治疗师和助理教师经常自顾自地工作。无论是在普通教育课堂上，还是在将学生从课堂中抽离出来的情况下，他们都只是执行自己的计划、治疗方法和教学，没有与学生当天的安排或计划进行协调。这让学生的在校生活和学习支离破碎，让他们不知所措。

作用和职责

所在学校、学区不同，甚至所在州不同，学校教职人员的作用和职责都有所不同。不过，即便有所不同，有些作用和职责也是共通的。校方如何让教职人员开展高效的团队合作，从而满足所有学生的教育需求，接下来的章节会针对这个问题给出一些指导性建议。我们从团队合作中最重要的角色开始：校长的职责。

校长的职责：领导合作团队

在提供融合服务时，建立协作式教育团队是至关重要的。这些团队的核心是普通教育教师和特殊教育教师，他们紧密合作，以满足各类学习者的各种需求。为此需要特别考虑匹配教师的优势，给他们提供备课时间，并确保他们是一支磨合顺畅的团队。治疗师、助理教师和其他工作人员也很重要。校长作为领导者，必须起到促进合作的关键作用。

第一，校长负责组建这些团队，将特殊教育教师与普通教育教师组合在一起，为团队分配助理教师，并为治疗师和其他专业人员安排融合教育日程。从我们以前的经验来看，在这方面，高效的领导者会让教师选择他们自己认为最适合合作的同事，还会基于本人对教师优势和性格的了解组建团队。团队一旦组建好，无论是成立之初，还是后期，都必须持续不断地进行团队建设。在本章后面的部分，我们将分享一些指导意见，帮助团队成员凝聚到一起，相互理解，并制定规范。

第二，校长要设定融合教育教学的预期目标并监督其实现情况。校长需要向团队解释在共同备课和共同教学方面的预期目标：(1)教育团队应利用共同的备课时间对课程和单元进行差异教学的准备，并对教学内容进行适当改动；(2)每位教师在教学时都要充分发挥作用；(3)在每天的课堂上，教师都要运用各种协同教学策略。这也意味着，在巡视和观察课堂的过程中，校长可以看到教师向全班学生提供教学，或者某些教学团队成员将残障学生集中在教室后面对他们进行指导，或者教师没有充分参与教学等情况。校长应该表扬共同备课和共同教学的优秀案例。我们为学校领导者准备了一个工具包，用于向团队提供关于协作和共同教学的反馈（见图5.1中的共同授课反馈表）。

第三，校长的职责是为备课提供时间。我们建议团队每周有一到两次的共同备课时间，每次 40～60 分钟。作为学校领导者，你的首要任务是制订时间表，确保教育团队有充足的共同备课时间。我们知道，如果团队成员不在一起备课，他们进行协同教学的能力会受到严重影响，从而浪费宝贵的人力资源，给学生提供的服务也会大打折扣。

第四，学校领导者的职责是为团队提供合作和协同教学策略方面的在职培训。我们知道，在融合教育学校和融合班级中，教师面临的挑战之一就是他们通常不知道如何与其他教师、助理教师和教职人员高效合作，也缺乏这方面的专业培训。针对协作的专业培训可以在组建高效的教育团队方面产生显著的效果。与其他职业培训一样，这样的专业培训必须一直持续下去，并逐步融入学校的文化，这样，随着新团队的组建，这种专业培训会成为学校理念的一部分。有关这方面的信息和资源，请参阅本章末尾的常见问题部分。提供以下技能的职业发展培训是有效变革的关键。

- 团队建设；
- 组织会议：使用日程表、会议记录和其他会议工具（见图 5.2 中的团队会议记录表）；
- 共同备课；
- 共同授课和协同教学策略；
- 权责下放；
- 和助理教师一起工作。

第五，校长对教师的支持既有精神上的，也有物质上的。精神上的支持包括平等对待教育团队中的所有成员。特殊教育教师和普通教育教师的名字都可以列在班级名单上、贴在教室门上的公告栏里、家校沟通簿上，以及在可以传达是整个教学团队一起为学生提供服务的其他时刻和场合中。物质上的支持包括提供教学用品和课程。普通教育教师和特殊教育教师都需要教师指南和必要的教学用品（如数学教具）。我们还需要确保每位教师都有工作空间（如办公室、办公桌）进行工作。

教育团队

以下内容将介绍教育团队的重要成员。我们认为并非每个团队都需要以下所有人员，但他们是不同学校不同的教育团队中的关键人员。

特殊教育教师

根据定义，特殊教育教师是已经获得教育学学士学位的人。学生的个别化教育计划，一部分是由特殊教育教师负责制订的。教育团队和家长每年都会议定学生的目标及适合学生的特殊教育服务。特殊教育教师帮助保证学生的个别化教育计划目标得以实现。特殊教育教师与普通教育教师及其他提供支持的工作人员一起合作，负责个性

教学团队：共同授课反馈表

	日期：	时间：
课程/内容：	教师： 1. 2.	
	其他在场教师：	

模式	选择一项	描述所使用的协同教学模式：
一人教学，一人观察*		
平行式教学		
分站式教学		
交替教学*		
团队教学		
一人教学，一人助教*		

	目标	完成程度	具体说明
课堂领导力	两名教师都主导了教学活动	☐ 不确定 ☐ 较确定 ☐ 确定 ☐ 非常确定	每一位教师的角色是什么？
	学生认为两名教师都是主导	☐ 不确定 ☐ 较确定 ☐ 确定 ☐ 非常确定	学生对教师的态度是怎么样的？

* 很少使用且仅偶然使用。

图 5.1　教学团队：共同授课反馈表（第 1 页，共 3 页）

教学调整和教学改编	两位教师都为残障学生提供合理便利和适当改动	☐ 不确定 ☐ 较确定 ☐ 确定 ☐ 非常确定	教师是如何提供合理便利和适当改动的？
	在提供合理便利和适当改动的情况下，学生能完成教学任务	☐ 不确定 ☐ 较确定 ☐ 确定 ☐ 非常确定	学生具体接受了哪些合理便利和适当改动服务？
行为管理	两位教师分担行为管理工作并且使用积极行为支持策略	☐ 不确定 ☐ 较确定 ☐ 确定 ☐ 非常确定	每位教师如何支持学生表现出得体的行为？
	学生以适当的行为回应任意一位教师的行为干预	☐ 不确定 ☐ 较确定 ☐ 确定 ☐ 非常确定	描述学生的反应
学生与所有教师的互动	特殊教育教师和普通教育教师都对所有学生执行教学任务	☐ 不确定 ☐ 较确定 ☐ 确定 ☐ 非常确定	每个教师是怎样与所有学生互动的？
	所有学生听从两位教师的指导和教学	☐ 不确定 ☐ 较确定 ☐ 确定 ☐ 非常确定	学生如何与两位教师互动？
分组教学	教师主要针对混合分组进行教学，如果为同类分组，则教师需要经常交替教学	☐ 不确定 ☐ 较确定 ☐ 确定 ☐ 非常确定	描述学生分组流程
	学生分组经常变化，很少使用同类分组	☐ 不确定 ☐ 较确定 ☐ 确定 ☐ 非常确定	描述学生分组

图 5.1　教学团队：共同授课反馈表（第 2 页，共 3 页）

积极的教学策略与教学风格	教师在整个课堂上使用积极的教学策略和多样性的教学风格	☐ 不确定 ☐ 较确定 ☐ 确定 ☐ 非常确定	教师采用了什么教学策略和教学风格？
	学生积极采用多样性的学习方式	☐ 不确定 ☐ 较确定 ☐ 确定 ☐ 非常确定	描述学生的活跃度

评价：_____

_____

_____

_____

图 5.1　教学团队：共同授课反馈表（第 3 页，共 3 页）

The Principal's Handbook for Leading Inclusive Schools by Julie Causton and George Theoharis
Copyright © 2014 by Paul H. Brookes Publishing Co., Inc. All rights reserved.

团队会议记录表

日期：_____

到场团队成员和职责分配：_____　　　缺席成员：_____

主持人：_____
记录员：_____
计时员：_____
调解员：_____
观察员：_____

会议议程	I– 情况 D– 讨论 R– 需要决策	陈述人员	时间安排
1.			
2.			
3.			
4.			
5.			
6.			

已讨论事项：_____

_____

_____

_____

_____

图 5.2　团队会议记录表（第 1 页，共 2 页）

布置任务，时间安排，后续跟进：

活动	负责人	时间安排

下次会议议程：

1.

2.

3.

4.

5.

6.

下次会议日期：_____

图 5.2　团队会议记录表（第 2 页，共 2 页）

The Principal's Handbook for Leading Inclusive Schools by Julie Causton and George Theoharis
Copyright © 2014 by Paul H. Brookes Publishing Co., Inc. All rights reserved.

化课程和差异教学，以及根据每个学生的具体情况将其做出改动和调整，或者提出改动和调整建议。特殊教育教师还负责解决课堂上出现的问题，评估学生得到的服务，向团队通报学生的进步情况。

在高效的融合教育团队中，在从幼儿园到十二年级的课堂上，特殊教育教师在备课和面向所有学生的教学上发挥着主导作用。无论是大班课教学还是小组分组教学，团队教师都应共同备课，并使用各种协同教学策略。融合课堂的一个关键是使用混合分组，因此，特殊教育教师不应只教授残障学生，不应将残障学生集中在教室后排进行教学。谨记：让特殊教育教师充当助教并不是对资源或教师能力的有效利用。

普通教育教师

普通教育教师是教学团队的另外的关键成员，他们应该负责教育班上的学生。普通教育教师要备课、教课，考查学生的掌握情况。普通教育教师不仅要对每一位有个别化教育计划的学生负责，还要对班上所有没有残障的普通学生负责。一般来说，普通教育教师在哪一年级、哪些科目应该学习哪些内容这些方面比较专业。

在高效的融合教育团队中，普通教育教师与特殊教育教师共同备课、共同授课。他们对教学内容共同负责。他们可能拥有丰富的专业知识，但也负责为所有学习者提供差异化的学习内容和教学。普通教育教师在大班课教学、小组分组教学及个别化教学中同时扮演领导者和支持者的角色。我们应当要求普通教育教师和特殊教育教师一样与残障学生有更多接触，并对他们的教育负责。

助理教师

助理教师负责执行很多不同的任务，在校园里为学生提供学业、社交、行为方面的辅助，这是最基本的职责。助理教师在特殊教育教师或者普通教育教师的指导下工作。无论是特殊教育教师还是普通教育教师，都需要知道他们的职责之一就是帮助助理教师备课并和他们进行沟通，认识到这一点是很重要的。高效发挥助理教师的作用，意味着助理教师不仅为残障学生提供支持，还要为课堂上的其他所有学生提供非干扰性的支持。从幼儿园到高中、社区和职业课程的融合环境中，助理教师帮助各类残障学生进行检查和巩固学习成果。

更加重要的是，助理教师不应被视为专门辅助某一特定学生的老师。学校也不应该让助理教师专门针对某位学生进行备课并全权负责该名学生的教育。我们经常看到，有重大需求的学生的教育会被留给或分配给助理教师——其他教师则放弃了对这些学生的教学责任。助理教师是教育团队的关键成员，应该受到重视，但他们应该在经过资格认证的普通教育教师和特殊教育教师的指导下发挥支持作用。助理教师的重要职责包括与有重大需求的学生一起完成日常生活任务、做好日常记录，并在教师的指导下为残障学生和非残障学生提供学业、情绪和行为方面的支持。

学生家长

毫无疑问，残障学生的家长是他们生命中最为重要的人。根据 2004 年修订的《残疾人教育促进法》，家长或者监护人也是学生个别化教育计划团队的成员，与其他成员同等重要。家长或者监护人应该积极参与教育团队的工作，因为他们是最了解孩子的人。学校里发生的任何事情，学校领导者、教师和助理教师都应该告诉家长，并且认真倾听家长的期待和担心，这样就可以帮助家长发挥积极作用。高效的教育团队会重视学生家长的参与，并与他们积极沟通。

作业治疗师

作业治疗属于相关服务，由认证合格的执业作业治疗师负责。作业治疗师提供的服务可以覆盖全生命周期，其重点是在日常活动中为服务对象提供支持，以便让他们参与自己想要做和需要做的事。对于需要作业治疗师辅助的学生来说，残障的状况通常需要运动功能方面的支持。作业治疗师可能会评估学生的需求、提供治疗、改装教室设施，总体来说，就是帮助学生尽可能地参与学校活动、体验校园生活。作业治疗师可以单独带一个学生，也可以带一组学生。作业治疗师也会咨询教师和助理教师，以便帮助学生在普通教育环境中达到自己的目标。具体的治疗措施包括帮助学生学习写字或者使用电脑完成任务，提高社交游戏技能，学习穿衣服或者用餐具等生活技能。作业治疗师和物理治疗师的职责可能不太容易区别。总体来说，作业治疗师主要针对精细运动技能，物理治疗师主要针对粗大运动技能。

物理治疗师

物理治疗和作业治疗一样，也属于相关服务，由认证合格的执业物理治疗师负责。物理治疗涉及的领域包括大肌肉运动发展技能、肢体问题、行走问题、适应性设备、姿势固定问题，还包括其他可能影响学生学习表现的功能性技能。和作业治疗师的工作方式相似，物理治疗师也可以单独带一个学生或者带一组学生，也会咨询教师和助理教师。物理治疗的具体例子有练习安全上下楼、练习支撑身体、练习在轮椅上做伸展运动、练习站起来，或者练习粗大运动技能。同样，这些服务在融入普通教育时最为有效。这需要团队秉持着协作和灵活运用策略的理念，摒弃将学生带离普通教室的做法。

言语语言治疗师

言语语言治疗师，有时也称言语语言治疗师，其职责是帮助学生学习沟通以及所有进行有效沟通时所需的技能。这些技能涉及所有与语言、发声、构音、吞咽以及流畅表达有关的问题。有些接受言语语言治疗师服务的学生有口吃问题，还有些学生需要学习理解和表达。在学校里，言语语言治疗师与教育团队合作，为课堂活动和有效沟通提供支持。这些治疗活动也可以与普通教室中的教学无缝衔接，但是教育工作者必须把其作为优先考虑事项并创造合作教学的机会，不然无法实现这一目标。

> **重要提示**：很多时候，学校出于善意但是走上了弯路，没有将作业治疗、物理治疗和言语语言治疗纳入普通教育环境。这些服务通常是融合教育的"终极障碍"。高效的融合团队以在融合环境中提供这些服务作为优先事项，并与关键参与者一起备课，以实现这一目标。高效的融合教育学校不会将作业治疗、物理治疗和言语语言治疗服务以单独剥离课堂的形式提供，而是寻找将治疗师们的治疗和服务融入普通教育的方法。

学校心理教师

学校心理教师的主要作用是帮助儿童和青少年克服在学业、社交和情绪方面的困难。学校心理教师与教育团队、学生家庭及其他心理健康专业人员密切合作，帮助学生提高学业成绩，促进积极行为和心理健康发展，打造健康安全的学习环境，加强家校联系。心理教师会对学生进行评估，还经常参与标准化测验工作，以便判断学生是否达到残障标准。心理教师还会与教育团队其他成员合作，帮助解决问题，有时候，也可能直接为学生提供支持服务。

学校社工

和心理教师一样，学校的社工也是受过培训的心理健康专业人员，其主要作用是帮助儿童和青少年克服在学业、社交和情绪方面的困难。学校社工会帮助促进家庭、学校、社区之间的联系。社工提供的服务旨在帮助学生及其家庭克服可能妨碍学生学习的困难。社工可以提供一对一的服务，也可以开展小组咨询，还会咨询教师，帮助和鼓励学生学习社交技能。他们还会与社区机构合作，为需要不同机构或者服务的学生协调服务。

视障辅助教师 / 听障辅助教师

视障辅助教师为视障学生提供辅助。一般来说，视障辅助教师要与教师一起工作，对课程安排做出改动和调整。他们还会帮助提供放大镜和电脑设备等必要设备。听障辅助教师为听障学生提供辅助，比如为聋生提供扩大性沟通（augmentative communication）系统和手语翻译。这些专业人员的一个关键作用是帮助有特殊需求的学生在普通教育教室接受教育，让他们的每一天都充实且成功。显然，视障辅助教师以每周两次的频率将学生带离课堂，每次 30 分钟，进行视觉训练，这一举措对该学生的教育效果远不如让其接受专业人员与教育团队的协同教学产生的效果。

这些人员是怎么合作的呢？

学校和学校各不相同，但有一点是肯定的：为了帮助学生成长，教育团队中所有成年人都必须努力合作。下面这个七年级的教育团队就是一个有效合作的例子。

> 这个团队包括了所有为萨拉提供支持的人员。萨拉是一名有孤独症和阅读障碍的学生。在英语课上支持萨拉的核心人员包括英语老师、特殊教育教师和助理教师。这个团队每月开会讨论怎样在英语课上帮助萨拉。每周，特殊教育教师和英语老师都会与助理教师会面，为即将到来的单元学习准备资料和教具。此外，特殊教育教师和英语老师一起备课时，都会一直想着萨拉，把每节课都设计得能满足萨拉的需求。例如，他们用"饥饿游戏"系列的一本书作为一个单元的备课资料。老师们决定让全班同学听有声书，而不是默读。助理教师每天都会收到书面备课计划，计划中都会列出萨拉在每次课堂活动中预期获得的支持类型和支持力度。

教育团队成员需要讨论的问题

想要实现真正的合作，了解自己的合作伙伴是什么样的人非常必要。后文列出了一些帮助教育团队成员相互了解的问题。团队成员可以把这一问题清单作为参考，也可以一起就每个问题进行讨论。我们看到许多最近组建的团队使用这些问题为他们即将开展的合作奠定基础。我们还看到，一些团队每次备课时都会讨论一个问题，作为团队建设的一部分，这无疑是持续且高效贯彻团队理念的最好实践。当然，团队可以思考的问题不止这些，但我们发现从以下问题入手是非常好的开始。

工作风格
- 你什么时候的工作状态比较好，上午还是下午？
- 你是直截了当的人吗？
- 你喜欢同时做几件事情，还是喜欢一次只做一件事情？
- 如果需要给其他团队成员提供反馈，你喜欢什么样的方式？
- 与其他团队成员合作的时候，你觉得自己有哪些长处，哪些弱点？

教学理念
- 对我来说，好的备课意味着……
- 能让所有学生都取得最佳学习效果的情况包括……
- 我觉得应对问题行为最好的办法是……

- 我觉得重要的是，通过什么（活动、举动）提高学生的独立性……
- 我觉得团队成员的关系应该……

后勤组织工作
- 就学生以前的情况和取得的进步，我们应该如何进行讨论？
- 我们应该如何就我们的作用和职责进行沟通？
- 我们应该如何就课程及其改动进行讨论，应该什么时候沟通？
- 如果我在课上不知道怎么解答某个问题，我应该让学生去找你吗？
- 我们见面讨论的次数够多吗？如果不够，应该多久约见一次？
- 我们应该如何与学生家人沟通？沟通过程中，大家都负责什么？
- 关于后勤组织工作，还有其他问题吗？

需要学生家人回答的问题
- 你喜欢以何种方式与团队成员沟通孩子的进步？
- 如果我们使用沟通本或者邮件，你希望学校多长时间跟你沟通一次？
- 有没有哪方面的事情，是你特别想听到的？

团队以上述问题作为大纲，进行讨论之后，就能针对组织问题和理念问题进行协商，成员对各自在课堂上的作用以及应该做的事情就会更加了解，感觉也会更加安心。下面会介绍有关协同教学的一些安排，以进一步明确教师在课堂上的合作分工。

协同教学的形式

接下来，我们会介绍弗兰德、赖辛和博萨克（Friend & Reising, 1993; Friend & Bursuck, 2019）提出的协同教学模式。需要注意的是，只要教室中有多名教师，就可以使用这些策略。一个常见且有误导性的观点是，只有当教室里全天或整个时段都有两名教师时，团队才能使用这些策略。这是不正确的。教育团队需要为所有老师设定有意义的角色，我们建议使用以下协同教学安排。这些形式为团队提供了共同的语言和框架来讨论和计划如何发挥多名老师的作用。

无论何时，如果有两名或多名教师在同一个教室中对同一组学生进行教学，你可以并且应该要求这些教师分担教学职责，教师会使用各种协同教学安排。教师可以包括普通教育教师、特殊教育教师、治疗师或其他专业人员，以及助理教师，他们在普通教育环境中共同为残障学生提供特殊教育服务。下面我们将分享6种常见的安排。

平行教学

把班级分为两组，每位教师负责的学生就会比较少。两位教师的教学目标都一样，只是把班级分成两组，在同一时间开展教学活动。教学过程也可以不一样。例如，一位教师很擅长教授视觉化的教学内容，那么上课的时候就可以使用图片，而另一位教师可能强调通过亲身实践才能学习。围绕两种不同的科学主题（比如电学和生命周期）讲授非文学类文本的时候可以采取平行式教学。

分站式教学

把班级分为三组。教师共同设计不同的教学站。其中两个教学站有教师提供辅助，一个教学站让学生自己负责，两人一组或者多人一组都可以。学生在不同的教学站之间轮转，教师在各自的教学站提供指导。不同的学生组轮转到教学站时，教师讲授的是同样的教学内容。

团队教学

教师在教学过程和课堂活动中共同负责。一位教师可以朗读课文，另一位教师加以补充，比如根据朗读内容画一张导图。一位教师可以讲授社会学课，另一位教师示范如何记笔记。两位教师在大班教学过程中的作用是相辅相成的。

一位负责教学，另一位负责观察

一位教师负责上课，另一位教师负责观察学生表现，收集数据。例如，一位教师上地理课，另一位教师做逸事记录，并且使用检核表检查学生的学习和错误情况，以上述两种方式记录观察到的情况。学生参加小组讨论、自习或者练习技能的时候，教师都可以收集数据。教师必须轮流承担这些任务，这是非常重要的，这样所有教师都有机会上课、观察学生学习情况。

主援教学

一位教师带领大部分学生上课，另一位教师给一小组学生做指导。小组教学是为了带领学生预习核心概念，以便为后面的课程或者单元做好准备，还可以是为了给已经掌握学习内容、达到教学目标的学生扩充知识。使用这种教学方法必须非常谨慎，不要把教学小组变成教室后面的治疗小组。这种形式必须和其他协同教学形式一起使用，而且只能偶尔为之。

主辅教学

一位教师负责上课，另一位教师以不引人注意的方式为某些学生提供个别化指导和辅助。负责辅助的教师可以回答学生的问题、保证学生专注课业，为需要的学生提供及时辅助。主辅教师必须轮换角色，两位教师都要有上课的机会，不能总是一位教师承担辅助的任务。跟前面的主援教学一样，主辅教学必须与其他协同教学形式结合使用，不能总用。

> **重要提示**：研究人员发现，主辅教学的形式是最常用的，但同时也是最低效的。因此，领导者必须明确表示，团队不要依赖这种协同教学策略。

除了这些协同教学策略外，表 5.1 和图 5.3 中提供了一些具体方法以帮助教职人员思考自己在普通教育课堂中的职责。

表 5.1 课堂中多名教师的职责分工

如果一位教师的任务是	那么另一位教师可以做
讲课	为学生提供同步笔记，把学生听到的东西以图示的形式呈现给他；用思维导图整理要点，方便学生记住重点词句；给出句子开头
发出指令	把指令写在黑板上，所有学生需要视觉提示信息的时候都可以看到；列出待办事项，或者用通知单或者提示卡；为学生制作个人日程表
班级巡回指导	收集数据、解决问题，改善环境因素（比如灯光）或者为下节课做出改动
考试	给需要听别人读考试题的学生读试卷；考试之前，保证学生座位合适、光线合适，试卷已经按照学生的个别化需求进行了调整（比如放大试题字体或者每页只印一道题）
为教学站或者学习小组提供辅助	也为教学站或者学习小组提供辅助
讲解新概念	提供视觉支持或者教具模型，帮助本组学生理解教学内容；帮助孩子利用不同的感官学习通路理解教学内容，提高整体教学效果
带领小组复习或者预习	学生自习的时候监督整个班级；站在所有学生的角度考虑座位安排和教学环境问题

来源：Murawski and Dieker (2004).

确定团队成员的作用和职责

填表说明：请看下表，了解团队成员常见的作用与职责。确定每位成员各自应该承担的责任：
P＝主要责任　　　　　　S＝次要责任
Sh＝共同承担责任　　　I＝参与决策

主要作用或职责	普通教育教师	特殊教育教师	助理教师	其他
给学生制订具体目标				
设计差异化课程				
针对学生的具体情况做出改动和调整				
制作教学材料				
协同教学				
提供一对一指导				
针对全班学生教学				
组织小组教学				
跟踪学生的进步				
检查学生的任务完成情况，以便确定接下来要做什么				
评估以及分配年级				
与家长沟通				
咨询提供相关服务的工作人员				
参加个别化教育计划会议				
管理学生纪律				
将相关信息写在沟通本上				
提供社区支持计划				

图 5.3　确定团队成员的作用和职责（第 1 页，共 2 页）

主要作用或职责	普通教育教师	特殊教育教师	治疗师	助理教师
推动同伴支持				
安排共同制订计划的时间				
参加定期召开的团队计划会议				
为开会提供便利条件				
把会上讨论情况通报给其他团队成员				
其他事宜				

确定了所有成员的作用和职责之后，请回答下列问题：

1. 上述作用和职责有需要做出改变的吗？或者有没有哪些事情是需要所有成员共同承担的？

2. 有没有人因为自己需要负责的某些事情感觉不太舒服？

3. 有没有人觉得自己需要更多信息或者培训才能承担上述职责？

4. 团队成员在课堂上分工合作，这种做法会给学生、家长及其他人什么感觉？

5. 需要做出哪些改变？

图 5.3　确定团队成员的作用和职责（第 2 页，共 2 页）

来源：Causton-Theoharis, J. (2003). *Increasing interactions between students with disabilities and their peers via paraprofessional training* (Unpublished doctoral dissertation). University of Wisconsin-Madison adapted by permission.

In *The Principal's Handbook for Leading Inclusive Schools* by Julie Causton and George Theoharis (2014, Paul H. Brookes Publishing Co., Inc.)

如果发生冲突怎么办？

> 在我的工作中，和孩子打交道并不是最难的部分。我觉得最难的是和其他成年人打交道。
>
> ——帕姆（助理教师）

团队运行的理想状态就像是一台磨合得很好的机器，每个齿轮都在持续平稳地运转，都在为整个机器的良好状态和谐地发挥着各自的作用。然而，团队运行并不总是这么顺利的。人与人之间总会有冲突。

我们知道，学校领导者在化解矛盾方面有很多的技巧。我们想让大家知道，当老师们一起工作时，化解工作中产生的矛盾是不可避免的。邦纳基金会（Bonner Foundation）曾经提出解决冲突的8个步骤。冲突指的是"人们在精神或身体上的对立状态，在这种状态下，彼此的价值观或需求相反，或者他们认为彼此的价值观或需求相反"（邦纳基金会，2008）。下面列出的是邦纳基金会有关解决冲突的建议：

1. 搞清楚冲突双方的立场（"他们在说什么"）。你的观点是什么？对方的观点是什么？都写下来。
2. 进一步了解双方背后真正的需求和愿望。对于对方的需求和愿望，你有什么看法，写下来。你自己有什么需求和愿望，写下来。
3. 请对方进一步解释，以便获得更多信息。问对方："你为什么会有这种感觉？""你觉得在这种情况下你需要什么？"把这个难题变成一个需要思考和研讨的问题。
4. 一起讨论解决方案。不要评价这些想法是对还是错，记下来就好，记得越多越好。
5. 讨论每个解决方案会给双方带来什么样的影响，看看有没有可能各让一步。讨论每一个可能的解决方案。先站在自己的角度，再站在对方的角度，讨论哪些方案可能有用，哪些可能没用。如果有必要的话，再想出一些办法。
6. 就解决方案达成一致。确定哪个解决方案对你们双方来说是最佳方案。制订一份执行解决方案的计划，确定需要花多长时间来实施这个解决方案。
7. 实施解决方案。在规定时间内实施自己的想法。
8. 如果有必要的话，重新评估解决方案。双方回过头来一起讨论这个解决方案，看看其中哪些部分是有效的，哪些部分是无效的。如有必要，继续重复这个流程。

安排进行沟通的时间

我们和全国各地数百个教育团队都打过交道，他们提到的最普遍的问题，就是没有足够的时间交流或合作。针对这个问题，不同的教育团队有不同的策略。我们在下面列出了这些策略，为校长和团队寻找帮助改善沟通的方法提供了一些可用资源。能够帮助团队抽出时间安排会议的方法如下。

1. 观看视频或自习时间。设定一个 15 分钟的周会时间，让学生在此期间观看教学视频或自习，团队可以利用这个时间开会。

2. 招募家长志愿者。让家长志愿者给学生讲故事或者带着学生做游戏、复习所学内容，团队趁此机会开个 15 分钟的碰头会。

3. 借助其他教育团队。每周把两个班级合并一次，一次半小时，让学生学习课程的某个部分或进行团建活动。一个教育团队负责管理学生，另一个团队开会，然后两个团队互换，这样两个团队都有机会开会。

4. 约在专门的课程时间（如音乐课、体育课）开会。问问专门课程老师，他们的课堂上能不能空出 15 分钟的时间，不需要助理教师在场提供支持。利用这个时间开会。

5. 利用课前或者课后时间。把课前或者课后 15 分钟作为教学团队"雷打不动"的开会时间。

如果您用了上述办法，还是没法面对面召开会议，那么还有些团队用了另外一些办法，代替面对面会议：

1. 沟通簿。准备一个笔记本，团队所有成员每天都看，看完回复。可以把自己的问题写在笔记本上，也可以看别人的回复。沟通簿还可以用来讨论日程安排或者与学生有关的具体信息。

2. 电子邮件。还可以用电子邮件代替沟通簿。团队成员可以通过电子邮件互相联系，讨论问题、发表意见或者就日程安排进行沟通。

3. 信报箱。在教室里给每位成员准备一个信报箱。把所有记录或者一般性信息都放到信报箱里。

4. 文档共享。利用文档共享网站就教案、笔记进行交流。

5. 核查校对。写好准备让学生带回家的记录之后，要让团队成员一条条地核查校对。通过这种方法，既能校对这些记录，又能让所有人都收到需要了解的信息。

6. 课程计划共享。在线保存课程计划，共享给所有成员。通过笔记就接下来的教学内容进行沟通。请撰写计划的人在单独栏里明确界定每位成员在每节课上的作用。

伦理问题：保密性

保密是一个重要问题，在融合教育学校中发挥着多种作用。由于教育团队对学生群体承担着共同的责任，团队成员必须对学生的需求和困难保密，以此避免学生成为学校或社区的八卦素材。当有人询问有关学校情况的问题时，教育团队的所有成员都必须谨慎。很多家长和社区成员可能会打听有关学生行为、残障或活动的细节。想想办法，避开那些可能不够恰当的私密问题。例如，有的家长可能走过来对你说："我看见是你负责带露西啊，她为什么需要助行器？"你可以预先准备好一些话，比如："很抱歉，学校的保密规定不让我聊这种事。"然后，你可以让家长去找可以跟他们聊的人，"您可以去问校长"。

有关团队合作的常见问题 ①

问：我们的教育团队运转得很好，但助理教师表示："我不太确定自己在艺术课上应该做些什么？我都没跟艺术课老师说过话，所以大部分时候我只是坐在教室里，为两名学生提供支持，我该怎么办呢？"

答：为助理教师安排一个时间与艺术课老师见面，让他们就助理教师如何最有效地支持本班学生达成共识，让助理教师明白他应该如何更好地支持艺术课老师，以及艺术课老师希望助理教师做什么或不做什么。这种交流在多名老师教学的任何班级中都至关重要。

问：我读到有关协同教学的安排，但我在学校里没有看到过教师开展协同教学。我能做什么？

答：使用本书和书中列出的其他资源，向您的教育团队提供有关这些安排的信息和学习内容。与每个团队成员进行谈话，询问他们将如何在下周的备课计划中使用这些安排。在进行观察和巡视时，检查团队成员使用的协同教学安排是否达到了您的期望。可以使用图 5.1 中提供的反馈表。

问：我们学校的一些老师不适应在课堂上的新角色。我该怎么办？

答：传达您对团队成员要为所有学生负责的期望。强调新职责是这一共同责任的重要组成部分，有不适感是自然的。请记住，改变对人们来说很难，即使是善意好心的专业人员也需要有人推动他们采用新的工作方式。

本章小结

校长工作最重要的内容之一就是创建和领导融合教育团队。这需要大量的精力和规划。团队需要很多方面的支持。校长每年都必须解散旧团队，再组建新的团队，因此，学校需要不断组织关于合作和协同教学安排的职业发展培训。

---

① 编注：除下列问题外，原书中还提到了一个关于合作或协同教学策略的拓展资源的问题，所列资源暂无中文版本。感兴趣的读者可以关注微信公众号"华夏特教"，并在"知识平台"板块获取相关内容。

我们知道，在一个团队中与多个成年人一起工作可能很有挑战性，但正如贾尼丝校长在本章开头所说，当团队成员走到一起时，会很神奇，并对学生的学习产生显著的积极影响。请记住，高效的教育团队是有目的地发展起来的，团队成员需要共同备课、协同教学。这需要有共同的备课时间，并且团队成员需要有效地利用这些时间，使用各种形式的协同教学，并建立有效的沟通。当校长作为领导者将团队合作作为优先事项并在其中发挥关键作用时，团队合作的神奇效能更有可能展现出来。

读后随感

第六章

换一个角度看待学生
教育假设素养

最合适的称呼其实是人家父母给起的名字。

我过去经常路过学校的特殊班，看到学生们在玩拼图、荡秋千。我想，太好了，这些活动正好匹配这些学生的能力。但后来，学校来了一位新的特殊教育教师，她希望对学生进行融合。然后就是那位经常玩拼图、荡秋千的雅各布，在政治课上用幻灯片完成了陈述报告。很难想象，他去年还在学写自己的名字和家庭地址。我突然意识到我们大大低估了这些学生的能力。

——本（校长）

每当我和孩子们交流时，他们就会激发出我内心的两种感受：温柔对待他们本来的样子，尊重他们可能成为的样子。

——路易斯·巴斯德（巴斯德研究所）

本章将要讨论的是换一个角度看待学生。换一个角度看待学生，需要去了解学生，然后思考自己应该如何看待、对待、教育和支持学生。首先我们要讨论的是如何借助学生的长处和不同方面的才能向别人介绍这些学生。之后我们介绍的是"教育假设素养"这一概念，以及如何使用适合学生年龄、以人为本的语言。

如何介绍学生

肖恩特·斯竹莉今年 22 岁，有自己的住所，和室友一起住，在科罗拉多州立大学上学，还在学校做志愿者。春假期间她会出去旅行，开着自己的车到处走。她有自己的兴趣、爱好和愿望，有男朋友，对自己关心的问题直言不讳。

肖恩特·斯竹莉今年 22 岁，患有严重/重度智力障碍、听力障碍、视力障碍、脑瘫，还有癫痫，不会咀嚼食物（有时会噎住），不会用卫生间，没有语言交流，没有可靠的沟通系统，智力发育年龄相当于 17～24 个月。（Strully & Strully, 1996, pp. 144-145）

上面这两段话是不同的人说的，描述的都是肖恩特，却有天壤之别。第一段话是她父母所述，第二段话是她的老师和其他学校支持人员所说。尽管不是教育团队中所有的人都会这样描述肖恩特，但这段话确实来自她的教育团队。比较这两份描述，结果令人惊讶。鲜明的对比之下，我们不禁想问，让不同的人来描述同一个人，怎么会出现如此巨大的差异呢？

最主要的原因在于不同的人看待事物的角度不同，对待肖恩特的方式也各异。肖恩特的父母与其朝夕相处，对她十分了解，知道她是个兴趣广泛、能力出众的人。因此，他们描述了肖恩特的兴趣爱好、天赋才能。相反，老师们对肖恩特的描述则反映出他们对肖恩特的了解并不深。那段话就像一份冷冰冰的诊断报告，只强调了肖恩特的身体缺陷。

作为学校校长，你可能经常听到这种以学生身体残障为主的描述，因此你需要花些心思才能了解学生的优点、天赋和才能。校长可能会读到学生的个别化教育计划，里面可能全是"心理年龄只有2岁""恐惧症""有攻击性"等字眼。作为校长，看这些描述的时候，你要意识到这些障碍只是学生的一个侧面，重要的是进一步了解学生及他们能做的事情。同时，你应该鼓励学校的老师努力发现学生的天赋、优势和才能，让教育团队对学生的描述更像是站在肖恩特父母的角度，而不是老师的角度。

从长处开始介绍

苏珊是一名校长，她对学生丹尼尔的描述如下："患有孤独症、能力受限、看起来很忙碌、精力充沛、幽默感强、注重细节。"这些描述反映出苏珊对这位学生的看法。当你提到一个学生时，最先想到的几个字是什么，拿张纸，写下来。接着看一看你写的这些词。这些词是正面的，还是负面的，还是两种都有？

教职人员对学生的看法会影响对他的教育、支持方式以及与他的相处方式。例如，教职人员可能会认为一个学生懒惰或不听话，或者认为一个学生积极或遵守纪律，不同的看法之下，他们对待学生的方式也有所不同。教职人员可以通过不断反思，转变对学生的看法，以更积极的方式重塑对学生的看法，给学生创造成长机会。

教育研究者托马斯·阿姆斯特朗（Thomas Armstrong，2000a，2000b）曾经将多元智能理论（Multiple Intelligences Theory）应用于课堂教学，教育工作者可以了解一下他所做的研究。他建议教育工作者要有意识地反思自己描述学生的方式。措辞改变了，印象就可能发生改变。阿姆斯特朗强调所有的行为都是人类经验的一部分，行为的背后是多方面影响的结果（比如环境、安全感、个人幸福感）。他提出，不要总想着学生没有学习能力，换一个角度看，就会发现学生不是没有学习能力，只是学习的方式不同。表6.1就如何描述学生给出了更多建议。

表6.1 点石成金

负面评价	换个角度
没有学习能力	学习方式不同
多动	需要动
冲动	反应快

续表

负面评价	换个角度
ADD/ADHD	需要一边动一边学
阅读障碍	通过图像学习
有攻击性	果断
磨蹭	仔细
懒散	松弛
不成熟	晚熟
胆小	谨慎
注意力涣散	思维活跃
胡思乱想	想象力丰富
爱发脾气	敏感
执拗	有毅力

来源：Armstrong, T. (2000a). "Table 10-1: Turning lead into gold", from IN THEIR OWN WAY by Thomas Armstrong, copyright © 1987, 2000 by Thomas Armstrong. Used by permission of Jeremy P. Tarcher, an imprint of Penguin Group (USA) LLC.

如果所有教育工作者都能改变他们看待和评价学生的方式，会怎么样呢？如果每一位学生都被视为有能力的学习者，又会怎样呢？重新看待自己支持的学生，最好的办法就是通过他们的长处看待他们。问问自己以下问题："这名学生能做什么？""这名学生的优点有哪些？""深爱这位学生的父母会如何形容他？"现在，回头看看自己写的那些词，花点时间再写一份全是优点、天赋和兴趣的清单。

在一次教师和教师助理的研讨会上，助理教师凯西就实施了上述步骤。她先写下一份描述词清单。在换了一个角度看待这个学生之后，她列出了一份完全不同的清单。

一开始，凯西描述学生布莱恩的词有：懒惰，聪明，鬼头鬼脑的，爱撒谎，还挺可爱，（有时候）有点刻薄。换了一个角度看待学生之后，她重新拿了一张纸，并写下这些词：轻松，聪颖，数学好，可爱，在同伴关系方面需要支持，幽默感很强，笑容具有感染力。我们问凯西新写的形容词是否仍然能准确地描述布莱恩的特点，她回答说第二次写的词要准确得多。

多元智能

有的人聪明，有的人笨，这是教育领域极为常见的误解。人们经常用"智力""功能水平""学习潜能"以及"能力"这些词描述一个人"聪不聪明"。在教育领域,最能反映这种观念的做法就是给人贴上残障标签。很明显的一个例子就是智商测试。给学生测智商,如果测出来的结果低于70,再加上其他功能性能力方面的问题,就可以给这个学生贴上"智力障碍"的标签。心理学家和教育专家定义了智力的概念,但是霍华德·加德纳(Howard Gardner,1993)对此提出了质疑,并且提议以不同的方式看待智力。他提出了"多元智能"这个概念。

加德纳将"多元智能"之中的每一种智能都看作是人类大脑与生俱来的、在社交情境和文化氛围中得以发展和表现的能力。加德纳没有将智能视为智力测试中的一个固定数值,他认为,每个人,无论是否有残障,都有自己的聪明之处,只是表现方面各不相同。表6.2中展示了八种智能,"可以据此开展的教学活动"一列可能有助于你思考如何为学生构建适合他的学习方法。这对于学校教师来说是一个很好的参考。如果一位学生对某个智能领域的内容有兴趣或在某个领域非常出色,老师可以考虑表中建议的活动和教学风格。

表6.2　如何利用多元智能开展教学活动

智能类型	代表什么	可以据此开展的教学活动
言语/语言智能	擅长词汇和语言,包括书面语和口语	讲笑话,演讲,阅读书籍(如故事、传记),论文,浏览网页
数理逻辑智能	喜欢推理、数字和模型规律	走迷宫、猜谜题、梳理时间线、类比、推导公式、计算、设计代码、做游戏、算概率
视觉空间智能	善于空间想象、在脑海中形成形象和图形	画马赛克、作图、画插画、做模型、画地图、拍视频、画海报
身体运动智能	善于控制身体和运动	角色扮演(如小品)、做面部表情、做实验、实地考察、体育运动、做游戏
音乐韵律智能	擅长识别音调,对节奏或节拍敏感	表演、唱歌、演奏乐器、打节奏、作曲、唱旋律、说唱、说顺口溜、合唱、朗诵
人际沟通智能	擅长人际交往和处理人际关系	开展小组项目或小组任务、对话、交谈、辩论、游戏、访谈
自我认知智能	擅长内省、反思和洞察事物,有自我意识	写日记、冥想、自我评估、录音、创造性表达、设定目标、声明、作诗
自然观察智能	认识外部世界的能力(例如植物、动物、气候)	实地考察、观察、在自然里漫步、关注天气预报、观星、钓鱼、探索、分类、收集、鉴定

来源:Amstrong (2000a, 2000b); Gardner (1993).

教育假设素养

在学校环境中，对学生的预设会影响他们的学习表现。就拿苏·罗宾举个例子吧。

苏有孤独症，13岁之前一直都没有找到适合她的沟通方式。那个时候，她的个别化教育计划显示她的心理年龄只有2岁。心理年龄通常是根据智商测试的结果判断的。例如，一名14岁的女孩智商测试结果相当于一名"典型"或者"普通"3岁孩子的测试结果，那么就可以判断她的心理年龄是3岁。用这个方法看待智力并没有什么用，因为这个结果常常不能准确描述学生的技能水平。后来苏找到了适合她的沟通方式，长期以来对她的各种预设就没有根据了。人们开始意识到她其实很聪明。之后，在整个高中阶段，她一直都在学习大学先修课程，2013年大学毕业（Biklen，2005；Rubin，2003；Rubin，2014）。

教育工作者可能没法准确判断学生到底理解了多少东西，所以应该假设每一位学生都是有能力的。唐纳伦（Donnellan）用了"至微危险假设（least dangerous assumption）"这个术语来说明这种理念："至微危险假设，指的是在没有确凿证据的情况下，我们做出假设的时候应该遵循这样的原则，如果将来能有证据证明这个假设不为真，那么现在就应该选择一个对人危害最小的假设。"[①]（1984，p.24）换句话说，我们应该假设学生是有能力的，可以学习的，而不是预设他们没有学习能力。

比克伦和伯克（Biklen & Burke，2006）提出了教育假设素养的理念，他们解释说外部观察者（比如治疗师、教师、家长、助理教师）是可以选择的：他们可以自主判断一个人是有能力的还是没有能力的。假设一个人有能力，就是认同这样的观点：没有人能够确切知道另一个人的想法，除非对方能够（准确地）明示这种想法。正如比克伦和伯克所说："假设一个人有能力，就不会限制可能性……这种假设让教师、家长以及其他人承担起这样的任务：找到办法为这个人提供支持，让他证明自己的能动性。"（2006, p.167）

适合学生年龄的语言

很多人都觉得残障人士发育水平比较低，所以倾向于用一种对待小孩子的态度对待残障人士（就好像他们比实际年龄小很多一样）。例如，我们听过有人这样问一名高

[①] 译注：此处采用了《现代特殊教育》2023年456期《略论特殊教育文化意识的转向》一文中的翻译。

中生："你要去洗手手吗？①"一名高中生，如果没有残障，你肯定不会这样跟他说话，也不会用这样的词。我们还听过有人提起一位患有唐氏综合征的大学生时说"真是个小可爱"。我们描述残障人士的时候应该使用适合其实际年龄的语言。

所有的教育工作者都应该用符合残障学生实际年龄的方式与之相处。校长要保证学校全体教职人员知道这一点，这很重要。我们曾目睹一位助理教师在学校大厅里牵着一名六年级学生的手。我们很怀疑这位助理教师是否想过牵着一名没有残障的六年级学生的手合不合适。事实上，牵着任何一名六年级学生的手都是不恰当的。同样的逻辑也适用于让学生坐在腿上，给学生玩不适合他们年龄的玩具，唱不适合年龄的歌曲等。我们可以问问自己是如何与非残障的学生交流或相处的，并且应该使用同样的方式对待残障学生。

以人为先的语言

> 如果思想可以腐蚀语言，那么语言也可以腐蚀思想。
> ——乔治·奥威尔（George Orwell, 1946）

描述、提到、写到残障人士时，如果是抱着尊重的态度，很多人会用一种常见的措辞，我们将这种措辞称为"以人为先的语言"。"以人为先的语言"这一概念非常简单，接下来的章节会详细解释。

和别人一样

先想想你会如何介绍没有残障的人。你可能先说这个人的名字，再说说自己是如何认识他的，或者形容一下他是什么样的人。那么介绍残障人士也应该是这样的，不要说："唐氏综合征学生切尔西。"可以说："我的学生切尔西，四年级。"

任何人都不应该被自身的某个特征定义（尤其是这个特征代表的还是他的难处或痛苦）。例如，一位名叫朱莉的作家不会希望任何人这样介绍她："这是朱莉，她统计学很差。"我们在谈论残障人士时也应如此，问问自己，为何需要提到他人的残障呢？

语言是有巨大的影响力的。我们谈论和描述残障人士的方式不仅会影响我们对残障学生的看法，也会影响我们跟他们的互动，对听到的人来说也是一种示范。如果你的孩子摔断了胳膊，你会这样跟别人介绍他吗？"这是我摔断胳膊的孩子。"如果一位学生患有癌症，你会期望听到老师说"她是我的癌症学生"吗？当然不会。没有人应该为摔断胳膊或患有癌症感到羞愧，因为骨折或细胞功能失常并不能定义一个人。

---

① 译注：原文直译为"你要用幼儿便盆吗？"，意指上卫生间，在中文语境中幼儿便盆太不口语化了，所以改成比较口语化的说法。

避免使用标签

你愿意别人通过你的病史了解你是什么样的人吗？应该不会吧。对残障人士来说也是一样。但是，描述残障人士的时候，人们却总是用标签或者像是提供员工登记信息一样，而不是以人为先。"学习障碍学生、孤独症男孩、唐氏孩子、资源教室的孩子、融合的孩子"，你听过类似的说法吧？

残障人士希望别人如何谈论自己，关于这件事，搞清楚他们本人的喜好还是很重要的。表 6.3 中列出了来自两个自倡导组织（Disability Is Natural 和 TASH）的参考意见。

表 6.3　以人为先的语言的例子

应该这样说……	不要这样说……	因为……
残障人士（people with disabilities）	残废（the disabled or handicapped）①	以人为先，强调人
普通人	正常人/健康人	不该用那些隐含"有残障的学生就是不好的"意思的说法（比如不正常的、不健康的、不典型的）
艾拉，四年级学生	艾拉，唐氏综合征学生	尽可能地去掉标签；绝大多数情况下，这些标签并无必要
跟她沟通的时候用眼神、设备等	不会说话	强调能做什么，而不是不能做什么
使用轮椅	离不开轮椅	提到辅助设备的时候用所有格（主动）语言；不该用那些隐含这个人被"困住了"的意思的说法
无障碍车位	残疾人车位	更准确地表达
贝丝有孤独症	贝丝是孤独症	强调残障只是一个特征，而不是属性
盖尔有学习障碍	盖尔是学习障碍	强调残障只是一个特征，而不是属性
杰夫有认知障碍	杰夫是弱智	强调残障只是一个特征，而不是属性。另外，"认知障碍"这个说法也让人更容易接受
本接受特殊教育服务	本是特殊学生	特殊教育是一种服务，不是一个场所

---

① 译注：基于语言及构词的不同，此处原文想要强调的区别在中文表达中并没有那么明显，原文表达的意思是希望不要用残障形容某个人的性质，而应该说他们有残障，这只是构成他们的一部分，但是中文表达中没有这样的区别。在中文语境中我们更多会注意避免采用"残废"这样含有贬义的词称呼残障人士。

续表

应该这样说……	不要这样说……	因为……
失明的学生	盲人学生	以人为先，强调人，而不是残障
丹尼斯用电脑写字	丹尼斯不会用笔写字	强调学生能做什么，而不是不能做什么
需要放大镜、笔记本电脑或手杖	视力有问题，不会写字，不能走路	不强调问题，强调需求

来源：Snow（2008）.

有关换一个角度看待学生的常见问题

问：我如何培养学校教职人员的教育假设素养或让他们使用适合学生年龄的语言？

答：这些都是教师职业发展中的好话题。你可以从本书开始，或者展示有关残障人士的视频，然后组织一场关于教育假设素养的讨论。优秀的影片包括《孤独症是世界》(*Autism Is a World*)、《可怜虫和胡言乱语者》(*Wretches and Jabberers*) 和《塞缪尔的融合》(*Including Samuel*)。

问：万一学生就是喜欢不适合其年龄的玩具或游戏，怎么办呢？

答：通常，残障人士被认为比同龄人幼稚。导致的结果是，他们会接触不适合他们年龄的动画片、玩偶或游戏，他们的同龄人不太可能会认为这些活动很有个性。因此，方法之一是找出更适合他们年龄的书籍、音乐或活动的版本。

问：以人为先的语言，有例外吗？

答：有的。有些听障人士通常更喜欢"听障（deaf）"一词，而非"这人有听力障碍"。一个名为"听障在前"（Deaf First）的团体认为，听障是一个重要的身份标识，因此提倡使用残障为先的语言。有些孤独症人士更喜欢用形容词来描述的说法，有些则使用他们圈内的昵称，比如用"孤独星人[①]"等来描述自己。如果说所有残障人士都喜欢某一种特定的描述方式的观点有失偏颇，那么以人为先的语言可以作为一项指导原则，因为许多倡导团体都认为使用这类语言是尊重他人的方式。

[①] 译注：原文用的是 autie，是个昵称，没有对应中文表达，此处译为"孤独星人"，有些媒体使用"星星的孩子"作为对这个群体的昵称，但据译者了解，孤独症人士中较少有人喜欢用"星星的孩子"称呼自己，阿斯群体中有部分人喜欢称呼自己为"阿斯""阿斯星人"。

问：我确实看不出来这个学生哪里聪明。这个学生有智力障碍，我怎么假设他有能力？

答：这位学生在标准化的智力测试中可能表现不佳。但是，你的教育责任是在与该学生相处时发现他的长处。多想想他能做什么，而不是不能做什么。每个人都有自己的聪明之处。

本章小结

请记住，残障并不能准确地概括一个人的全部。残障学生跟所有人一样，也是独特的个体，有着无穷的潜力（Snow, 2008）。认同这一点，不仅仅是有个好态度的问题，还是信念问题，是相信所有学生都是聪明的孩子。除此之外，这一点还能让你为学生提供最有效的教育，和学生在一起的时候，努力提升他们的尊严和自尊。在下一章中，我们将讨论如何为学生提供最有效的教育。

读后随感

第七章

提供学业支持

为有特殊需要的人扫清障碍,就是为大家扫清障碍!

> 我清楚地知道我想给学生提供怎样的学业支持，但当我督查教职人员时，却没有看到我所期待的学业支持。
>
> ——乔希（小学校长）

许多人会在自己的日常生活中采取适当改动和调整（adaptations）的策略（比如设置闹钟以准时醒来）。我（朱莉）在开始一天的忙碌之前会先快走锻炼，以便能在接下来长时间地坐着工作。我总是把钥匙放在厨房的同一个地方，这样就不容易弄丢，也不会错怪家人放错地方。我会用电子日程表记录日常安排。我还经常在一张大的便签纸上写下每日的待办事项，并将事项的优先级在便签左边空白处用数字标出。打扫房间时，我会提前设置15分钟的倒计时闹钟，然后便开始满屋子忙碌，想看看闹钟响之前我可以收拾多少。开会时，我会通过嚼口香糖集中注意力，还会坐在前排，防止走神或者和同事聊天。这些例子都说明了一点：所有人都需要对环境、作息时间表和行为做出调整或改动，以此成为合格的社会成员。本章将讨论面向残障学生的合理便利、调整和适当改动，并介绍提供学业支持的一般性策略、针对不同内容的具体策略，以及探讨辅助技术的相关内容。

对于教学负责人来说，了解调整和适当改动的基本方式具有重要意义。本章首先介绍让学生取得成就的一般性学业支持策略，然后讨论有关特定内容的概念，最后给出一些让老师们在所有学科内容方面都能使用的策略。校长可以将本章分享给需要帮助或思路的教育团队，让他们了解如何有效地让学生融入课堂。

图7.1是常见的支持工作流程图，根据玛丽·贝丝·多伊尔（Mary Beth Doyle，2008）教授编制的流程图改编。我们将它收录于本书的原因是，它对助理教师、特殊教育教师和普通教育教师来说，是一个非常有用的资源。它清楚地解释了每个人在教学中应扮演的角色和履行的职责或任务。

合理便利、适当改动和调整（adaptations）[①]

以下内容引自科罗拉多州科罗拉多斯普林斯市的匹克家长中心（未注明日期），谈的就是合理便利与适当改动之间的差异。合理便利和适当改动都是为了顺应学生需求，

---

① 编注：在本书与同系列的《融合教育教师手册》《融合教育助理教师手册》中都将"adaptations"、"accommodations"和"modifications"分别译为"调整""合理便利"以及"适当改动"。《做·看·听·说（第2版）》对这几个词有更为详细的区分和解释。但是在当时，国内对accommodation并没有比较正式的翻译，这几个词分别被译为"顺应""调适""调整"〔详见《做·看·听·说（第2版）》第178页〕。

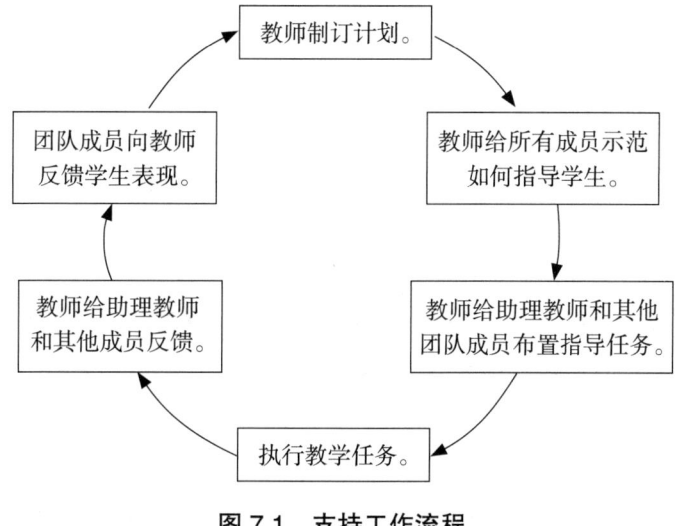

```
        教师制订计划。
   ↗              ↘
团队成员向教师        教师给所有成员示范
反馈学生表现。        如何指导学生。
   ↑                ↓
教师给助理教师        教师给助理教师和其他
和其他成员反馈。      团队成员布置指导任务。
   ↖              ↙
        执行教学任务。
```

图 7.1　支持工作流程

来源：Doyle, M. B. (2008). *The paraprofessional's guide to the inclusive classroom: working as a team* (3rd ed., p. 58). Baltimore, MD: Paul H. Brookes Publishing Co.; adapted with permission.

针对环境、课程、教学或评估做出的调整，目的是使残障学生在学习方面取得进步，与其他学生一起积极地参与普通教育课堂以及学校的各种活动。

提供合理便利指的是改变学生获取各种信息、呈现学习成果的途径。提供合理便利不会大幅度地改变学习的难度、内容或者考核标准。给学生提供合理便利，目的在于让残障学生和其他学生一样获得学习机会，还有同等的机会呈现自己学到的东西和能做的事情。提供合理便利包括改变教学内容的呈现方式、学生回应方式和程序、教学方法、教学时长和日程安排、教学环境、设备、结构等。

而适当改动指的是要求学生所学的东西发生了变化。这些变化是为了让学生有机会以有意义、有成就的方式和同学一起参与课堂和校园活动。适当改动包括在学习难度、内容以及考核标准方面所做的改变。

制订个别化教育计划的团队成员需要判断应该为学生提供哪些合理便利、在哪些方面做出适当改动，以便满足学生的个别化需求。

合理便利
- 以口试形式进行考试；
- 大字课本；
- 延长考试时间；
- 给柜子配备（方便开启的）特制锁具；
- 准备笔记本或者日志记录等家校沟通工具，用于每周沟通；
- 同伴支持：同学帮忙记笔记；
- 在实验任务单上重点标注操作说明；

- 有助于整理和列出数学题的方格纸；
- 上课录音；
- 用电脑打字代替手写字。

适当改动
- 写大作业时，不写全文，只写大纲；
- 考试的时候可以使用图形作为沟通符号；
- 使用同一主题或课题的书或者材料代替原有教学材料；
- 使用计算机拼写检查程序辅助学生拼写单词；
- 为学生提供词库辅助其答题；
- 数学考试期间使用计算器；
- 用电影或者视频代替课本；
- 把问题用简单的措辞重复一遍；
- 用大作业代替书面报告；
- 重点标注重要单词和词组①。

判断需要为学生提供哪些合理便利或做出哪些适当改动，这个过程取决于要让学生完成什么任务、学生有哪些特殊需求。当教师做出合适的改动时，所有学生都可以参与普通教育课程（匹克家长中心，未注明日期）。

一般性策略

校长要推行本章详述的一般性策略，以确保学生获得有用且合适的学业支持。

着眼于学生能做的事情

为学生提供支持时，教育工作者容易过度关注学生不会做的事情。例如，当朱莉为有唐氏综合征的三年级学生史蒂文提供支持时，很容易想到"史蒂文不认字，我该如何帮助他理解这一章中科学方面的内容呢？"这个时候换个角度思考一下，问问自己这位学生能做什么。教职人员应当关注学生的优势，拿史蒂文的例子来说，教职人员应该这么想："史蒂文善于社交，能轻松理解重大概念，擅长将知道的东西画出来并对各部分进行标记，还能回答问题。"

如果老师把关注点放在听人说话、社交互动、理解主要意思等他能做的事情上，那么给史蒂文做课程设计就容易多了。在其他同学默读科学教材的时候，可以安排史蒂文的同桌朗读。每学完一小节，就让他和同桌就这一小节说点什么。史蒂文听同桌

---

① 译注：严格来讲这一措施并不是适当改动，这是合理便利，在《融合教育助理教师手册》中作者对此进行了修正。

朗读的时候还可以把他理解的主要意思画出来。两个人还可以就这一节的内容和他画的画互相提问。这个办法对史蒂文和同桌都很有用，老师决定以后再教这种课文的时候，就让全班都朗读。

与我们共事的一位校长坚持认为，在关于学生的会议上都需要强调关注学生的优势。她会给每一位团队成员分发便笺，让他们写下学生的五个优势、天赋和才能。在教育团队成员解决学生的问题时，她要求他们利用学生的优势制订解决方案。另一位校长分发了"学生特长与教学策略表"（见图7.2），让教育团队成员列出学生的优势以及有用的教学策略，有助于他们基于已知情况展开讨论。

学生特长与教学策略表

_____（学生姓名）的特长与教学策略表

特长、天赋、兴趣、才能	教学策略
1.	1.
2.	2.
3.	3.
4.	4.
5.	5.

图 7.2　学生特长与教学策略表

来源：Kluth, P., & Dimon-Borowski, M. (2003). Strengths and Strategies Profile. Retrieved from http://www.paulakluth.com/wordpress/wpcontent/uploads/2011/03/strengthstrategy.pdf; adapted by permission. In *The Principal's Handbook for Leading Inclusive School* by Julie Causton and George Theoharis (2014, Paul H. Brookes Publishing Co., Inc.

征求学生意见

如果教学团队不确定到底怎么和学生打交道、怎么教、怎么提供支持最好,那也不必自己苦思冥想。在团队讨论后,可以直接征求学生的意见。学校里许多问题行为的发生都是因为给学生的支持行为太过强势。

期望值高一些

学生有残障,并不意味着他不能像别人一样完成作业和任务。在对学生的作业任务做出适当改动和调整之前,教育团队成员需要问问自己是否真的有这个必要。教育工作者经常过度调整学生的作业,或者对有同样残障的所有学生直接使用同一套改动计划。有时候,帮助学生的最好方式不是改变对他们的期望值,而是改变支持的种类和力度。

分解任务

对于一部分学生来说,将任务分解为一个个小步骤很有用。例如,切尔西习惯工作时在桌上贴一张"待办事项"清单。助理教师写下需要完成的所有任务之后,切尔西便会按照清单一项一项独立完成并划掉已完成项。如果学生不识字,教育工作者可以用图片的形式为他做一张清单,学生每完成一项任务就划掉对应的图片。

延长时间

如果多给点时间,很多学生都能像其他人一样完成作业任务。在这种情况下,逐渐增加分配给某些任务的时间可能会有些帮助。另外,如果其他学生考试用时一个小时,你可以让特殊需要学生分段考试,第一天考半小时,第二天再考半小时。

每一页上不要有太多内容

有些学生不喜欢一次性看到太多信息,所以页面安排上要干净整洁,不要有分散注意力的东西。例如,留出足够的空白可以让这个作业看起来不那么难懂。这种改动是很容易做到的,把作业分段复印在几张纸上就可以了。除此之外,也可以用修正带遮盖掉某些让人分心的内容或者图片。这样复印以后,学生就不会受到那么多信息的干扰了。使用索引卡或者单词窗(即一张纸板,上面有一个用玻璃纸覆盖的长方形小窗口,让学生一次只看到一行字或者一个单词),也可以让学生在自主阅读时不会看到太多信息。

支持不是直接就给

不要先入为主,认为学生肯定需要帮助。如果学生遇到困难,应该首先鼓励他们寻求其他同学的帮助。如果学生还是没有解决困难，教职人员可以先询问学生："需要帮忙吗？"如果学生说不，就尊重他们的选择。

轻声提供支持

接受支持服务并不总是一件让人舒服的事，还有可能分散其他学生的注意力。因此，校长应当鼓励教职人员，当学生正在学习时，轻声提供支持，甚至是默默地提供支持。许多教育团队发现，对学生来说，写下来的视觉提示比口头提示更加有效。

具体化

很多学生都需要具体的视觉展示，如图片或视频，这样有助于他们理解课上学习的抽象概念。吉尔是一位曾经和我们共事的助理教师，她会利用休息时间去学校图书馆和网上搜索一些图片和视频为学生提供支持，然后把这些教学资源放到她的微课和教学中心中。她提供的视觉支持不仅能让残障学生受益，也能让班上其他所有学生都受益。

帮助所有学生学习组织技能

不管是残障学生还是普通学生，不会整理东西的情况都很常见。一位七年级的教育团队成员每次下课时都让学生检查活页夹，保证学生离开教室的时候所有笔记都放在对应颜色的位置上，这种做法很有帮助。就拿我们观察到的一个例子来说吧，亚当一直都很难把自己的东西整理得井井有条，上面提到的这种检查不但对他有帮助，对其他很多需要类似辅助的人都有帮助。我们还知道有一个教育团队做了一份清单，上面列出了学生每天要带回家的所有东西。随便哪个学生都可以使用这份清单。

改变教学材料

有些时候，学生需要的不过就是换一种教学材料罢了。比如换一种写字工具，改变写字用纸的大小或者类型，就能对学生产生极大的帮助。例如，朱莉曾经遇到过一位名叫布雷特的学生，每次让布雷特写字时，他总会把头埋在桌子上，或者愤怒地折断铅笔。为他提供支持的教师团队、治疗师和助理教师一起讨论了这个现象，分析可能是什么原因导致这种行为，团队应该怎么做才能让他觉得写字是件好玩的事。经过讨论，作业治疗师建议让所有学生都选择自己想用的写字工具和纸张大小。听说可以选择之后，布雷特选了一支黑色毡头笔和半张纸。不知道为什么，这种改变对他很有用，比起以前，他写字能坚持更长时间。后来他解释说自己看到"一整张白纸"就会很紧张，而且也讨厌"那种铅笔在纸上写字的声音"。

利用计时器

有些学生需要知道完成任务需要花多长时间，或者需要提高时间管理能力，对于这样的学生来说，使用计时器就很有用。对于有些学生来说，可视化计时器或者能让人看出来还剩多长时间的计时器尤其有用。在下面的案例中，计时器帮助伊奇知道何时开始下一堂课，同时还给了他一个重要的任务。

> 伊奇正上幼儿园，每次一节课结束，需要换教室开始下一节课的时候，他都会大发脾气，因此他的教学团队决定使用计时器来提醒他何时开始下一节课。老师给了伊奇一个老式计时器，并告诉他让他负责通知同学们什么时候该上课了。在用计时器练习了一次之后，伊奇非常认真地执行自己的任务。他在各个小组之间走来走去，提醒同学们"离上课时间还有5分钟……4分钟……3分钟啦！"他一直提醒着，直到计时器响起，他便大声喊道："大家去上课啦！"

课前教学

在课前针对相关词汇或者主要概念进行课前教学，这对很多学生来说都很有用。所谓课前教学，就是要在正式教给班上其他学生之前就教给特殊需要学生。可以先给这名学生讲某个概念、术语或者理念，之后再给其他学生讲。例如，班上学生准备做磁铁实验，特殊教育教师就先给布雷特介绍一些重点的科学词汇，这样他到了实验室的时候就能理解"吸引"和"排斥"这种术语。因此，他来到课堂就有心理准备，会更有自信。

同伴支持

我们建议各个教育团队使用同伴支持，这是帮助学生的最佳方式之一。为了营造一种互相支持的班级氛围，你可以向所有学生解释，他们的任务就是互相帮助。但在这方面要谨慎一点。不要让其演变成一种"单向帮助关系"，比如索尼娅总是单方面帮助约瑟。我们要鼓励学生互相帮助，也要创造机会，让约瑟也能帮助索尼娅和其他同学。

利用运动

大多数学生需要时不时地动一动身体。当要求学生记忆互不相关的概念或信息时，教师可以使用视觉提示、标志或让学生动起来。这些方式可以帮助在记忆方面有困难的学生。教师可以让学生自己想一些和特定单词或概念相匹配的动作。例如，一位六年级教师让学生做"拼读操"。拼读单词时，如果字母"个子高"（如 t、l、b），学生就要站起来并举起手臂；如果字母"个子矮"（如 o、e、a），学生就要把手放到腰上；如果字母是"挂着的"（如 p、g、q），学生就要弯下腰摸摸脚趾。举个例子，拼读"stop"这个单词时，学生就会先把手放腰上，然后举起手臂，之后再放腰上，最后碰脚趾。这个例子之所以如此有用，是因为其中的动作具有目的性，和所学内容相关联。

针对不同内容的具体策略

表 7.1 和表 7.2 展示了许多针对不同内容和活动常见的适当改动和调整。你可以把这些信息分享给在各个领域中需要更多思路的教师，或者分享给所有教职人员。教学负责人需要了解这些调整措施，以及为学生提供这些措施的最佳方式。

针对不同内容的常见活动

不同学生在不同内容领域需要的支持可能会全然不同。有时，不同内容领域由不同的老师负责，不同老师对学生有不同的期望和要求，这就导致一些学生在某些科目上表现得更好。例如，里基喜欢音乐，因此他在音乐课上几乎不需要支持。他会自己进入音乐教室，拿好乐谱和乐器，做好上课准备。然而，在科学课上他就需要更多的支持才能完成课堂任务，他似乎不是很喜欢上课的老师或这门科目。尽管每位同学在不同课堂需要的支持看起来会有所不同，老师也可以在不同科目领域开展一些相似的活动。表 7.1 列出了在不同学科领域都可以开展的活动。教师每天都可以安排学生做表中的这些事情，多少都行。但是，学生不一样，在这些活动中遇到的困难可能也不一样，原因也各不相同。表 7.1 右侧列出了一些需要考虑的因素，对于能力各异的学生都会有帮助。表 7.2 则提供了教授具体内容时可以采取的调整措施。

表 7.1　常见活动以及可以提供的支持

要求学生进行的活动	考虑为学生提供的支持
安坐静听	视觉提示 在适当时候安排运动 无线调频扩音器（放大教师的声音） 地毯或垫子，让学生明白应该坐在哪里 用来标记谁在说话的物品（比如发言棒[①]） 可以坐的球 自己决定坐在哪里

---

① 译注："发言棒"既可以是玩具，也可以是任何物品，拿到该物品的人才能发言，这样可以帮助学生识别自己该不该发言，应该听谁发言。

续表

要求学生进行的活动	考虑为学生提供的支持
安坐静听	让学生拿在手里或者把玩的、帮助其集中注意力的东西[①] 给出要注意听讲的信号 给学生一本老师正在念的书 话题包——装有与学习内容相关的东西 让学生负责点事（如帮助同学、在黑板上写点什么）
口头表达	自己选择必要的支持 提词卡 视觉提示 分发讲义 录音机 视频 麦克风 幻灯片（如 PowerPoint 等） 预编程的辅助沟通设备
考试	复习考试应对策略 复习所学内容 模拟考试 双倍行距考卷 简单题在前 安排专人为学生读考卷或使用读卷器 选择题，去掉一到两个选项，降低选择难度 配对题，行数太多的话，分成几小段呈现 用电脑 需要多长时间就给多长时间 灵活安排考试时间（如第一天考一部分，第二天考一部分） 口试 根据表现给出成绩 允许学生画画或者做标记 考题使用简单措辞
完成作业单	提供词库 明确要求 在文件夹上贴上便利贴，让学生在上面写答案 将作业要求的重点标记出来 减少问题数量 让学生自己选择写字工具

---

① 译注：有些有注意力-缺陷/多动障碍的孩子手里就是要拿着东西或者动来动去才能集中注意力。

续表

要求学生进行的活动	考虑为学生提供的支持
讨论	用来标记谁在说话的物品 提词卡 同伴支持 预编程的辅助沟通设备，上面显示要问的问题 在纸上写下想法或概念 让学生自己选择以何种形式参与讨论 给学生一份同学们正在讨论的阅读材料 在阅读材料上标记重点内容——让学生读，其他学生讨论
记笔记	提供讲座提纲，让学生在讲座期间补充完整 图表 思维导图 教师提前做的笔记 文字处理器（如 AlphaSmart） 数字录音机或录音笔 让学生自己选择以何种方式记笔记 教师笔记的复印件 带图片的讲座笔记 其他同学的笔记的复印件或复写件 笔记本电脑
使用电脑	任务卡，提示如何开始 改装键盘 大键键盘 按字母顺序排序的键盘 放大字体 可编程的特制键盘（如 IntelliKeys） 设置鼠标延迟反应时间 屏幕阅读器 触摸屏 让学生自己选择要做什么
读课文	有声书 电子书 大字文本 荧光记号笔 齐声朗读 课文背景信息 列出要点 把问题写在便利贴上 适合学生的书（即"阅读难度刚刚好的书"）

续表

要求学生进行的活动	考虑为学生提供的支持
读课文	玩偶 阅读灯 让学生自己选择读什么
整理东西，提高条理性	不同颜色标记的活页夹 计划本（或者用于制订计划的应用程序） 把日程安排写在黑板上 把作业要求写在黑板的固定位置上 已经打了三个孔的作业单[①] 用图片做的日程表 线上日历 负责督促学生的同伴 把要做的事情写在便利贴上，并把便利贴贴在课桌上 作业夹 检查课桌 课桌上放闹钟或计时器 口述活动日程安排 学习或生活规律尽量保持不变
写字	写之前可以告诉朋友自己写的是什么 小组讨论 思维导图 记要点 用打字代替手写 学生可以说给成年人或同学听，让他们写出来 老师在一张单独的纸上写上单词，再让学生描红 可以贴在空白处的便利贴 可以用画画代替写字 带有凸起横格的纸——学生能够感觉到凸起的横线

---

① 译注：方便放入活页夹。

表7.2 针对具体内容所做的改动

这个科目要学的内容	可以考虑做如下改动或提供如下合理便利
阅读/语言艺术	听有声书 和同学一起阅读 用单词窗辅助阅读 戴上耳机在电脑上听读 和同学一起学习，让同学总结 使用大字课本 使用闭路电视——可以将播放视频中的字幕放大 把阅读材料用简单的措辞重写一遍 使用语句一再重复的阅读材料
数学	提供计算器 使用触觉数字（每个数字都对应相应的点数） 使用图表 使用数轴 使用闪卡 使用计数贴纸 使用教具（如塑料积木、计数片[1]） 对作业单进行改动，让数字更容易被识别 使用图片或者视觉辅助工具 使用大一点的塑料积木 使用带方格的纸便于竖式计算 使用有声计算器小程序 用数字骰子代替点骰子 应用题——把学生名字编到题中
体育	使用不同大小的运动器材 安静的活动（适合对噪声敏感的学生） 让学生自己选择项目 改变运动场地大小
艺术	选择不同的材料 大一点/小一点的材料 斜坡板 提前裁好的材料 使用模板、模具 准备工作服和有口袋的围裙 为不喜欢弄脏手的孩子准备手套 使用黏性蜡棒[2]

---

[1] 译注：类似乐高那种拼插积木。
[2] 译注：一种作画玩具，可弯曲、可剪裁、易粘贴、易剥离。

续表

这个科目要学的内容	可以考虑做如下改动或提供如下合理便利
艺术	把做事的具体步骤张贴出来 改装剪刀
科学	学生亲身实践 教师演示 角色扮演 邀请嘉宾作讲座 把做事的具体步骤张贴出来
社会学	荧光记号笔或彩色胶带 以某种方式将学习内容与自己联系起来 使用视频 使用视觉辅助工具 使用地图 写一张任务卡（在卡片上写上做事的具体步骤）
音乐	选择用学生母语演唱的歌曲 使用乐器 边唱边拍出节奏 可以带回家听的音乐音频 可以看的音乐视频

辅助技术

辅助技术是指可以帮助残障人士实现功能的任何一种技术，如果没有这些技术，他们可能很难甚至根本不可能实现这些功能。作为校长，你在辅助技术评估的倡导方面或为学生购买辅助技术设备时的审批工作方面发挥着重要作用，了解一些关于辅助技术的背景信息有助于做出合适的决策。辅助技术的正式定义如下：

特殊教育辅助技术指的是使儿童从特殊教育或相关服务中获益，或者使儿童在最少受限制环境中接受教育所必需的任何设备或服务（IDEA 2004, 34 C.F.R. § 300.308）。

在 2004 年修订的《残疾人教育促进法》中，辅助技术设备被定义为"无论是现成售卖的，还是改制或定制的，用于提高、维持或改善残障儿童实现正常功能的任何物品、设备或产品系统"（20 U.S.C.§1401 [a] [25]）。

辅助技术服务指的是直接帮助残障儿童选择、获取或使用辅助技术设备的服务，包括以下服务项目：

- 对残障儿童的需求进行评估，包括对儿童在其所习惯的环境中的功能水平进行评估；
- 以购买、租赁或以其他方式为残障儿童提供辅助技术设备；
- 选择、设计、安装、定制、调整、应用、维护、修理或更换辅助技术设备；
- 协调和使用其他疗法、干预措施或者利用辅助技术设备的服务，如与现有教育、康复计划及项目相关的服务；
- 为残障儿童提供培训或技术援助，如有需要，为残障儿童家庭提供培训或技术援助；
- 为专业人士（包括为残障儿童提供教育或康复服务的个人）、雇主或其他为残障人士提供服务的个人、雇用残障人士或与残障人士主要生活功能密切相关的个人提供培训或技术援助。（IDEA 2004, 20 U.S.C.§1401 [a] [26]）

辅助技术包括移动设备（如助行器或轮椅）、软件、特制大键键盘、方便失明学生使用电脑的软件，或者供失聪学生使用的文本电话。写字需要精细动作技能，在这方面有困难的学生可以使用特制键盘，在沟通方面有困难的学生可以将想法打在平板电脑上，以表达观点。如果学生需要使用某种辅助技术设备，教育团队成员应当尽可能学习该辅助技术设备。校长应当为教师提供专门的培训，以便教育团队成员能帮助学生使用设备，对其输入相关内容，或者在必要时对其进行修复。有关辅助技术的网站和资源，详见本章附录①。

监督建议

校长的工作还包括监督教职人员，看他们是否为学生提供了合理便利或做出了适当改动，帮助教职人员确定教学职责。因此，了解更好的监督和支持教职人员的方法对校长来说具有重要意义。其中一个关键的监督任务是明确制订适当改动和调整方案的人员。在许多学校，适当改动和调整方案的制订都被误派给负责某一位学生的助理教师。

值得注意的是，2001年颁布的《不让一个孩子掉队》（No Child Left Behind, NCLB, PL 107-110）要求助理教师"在经过认证或持有执业资格的教师的直接监督下"协助学生。法案规定，助理教师不负责决定用于学生的最佳改动和调整措施，相反，他们负责执行相关计划。因此，教师应负责制订调整计划，助理教师则应负责执行计划并收集实行调整措施的数据。

---

① 编注：关注"华夏特教"公众号，获取本章附录的电子资源。

便利贴的 21 种用法

有位老师每天都在便利贴上给学生写一句鼓励的话，让学生带回家和父母一起看。这些便利贴的目的就是只给学生正面评价，让学生感觉自己在校表现很好。便利贴的用法实在是花样繁多，尤其是用来为学生提供学业支持的时候。图 7.3 列出了便利贴的 21 种用法。

便利贴的 21 种用法

1. 记录个人日程安排。
2. 记录待办事项。
3. 给学生写一句鼓励的话，随身携带。
4. 标记页码。
5. 写上阅读指南。
6. 标记重点部分。
7. 贴在指示说明下面。
8. 贴在学生看的书上，写好给学生准备的问题。
9. 写上行为规范作为提醒。
10. 记录举手次数（每次学生举手回答问题，都可以在便利贴上记下来）。
11. 遮挡作业单上的某些部分。
12. 提供词库，用来提示用词（这样学生就不用自己想应该用什么词了，从词库里选词就可以）。
13. 对于比较爱说话的学生，可以让他们将问题写在便利贴上，并选择其中的一到两个回答。
14. 想到什么随时记下来。
15. 让学生就同学的作业或论文给出反馈。
16. 标记图表的重点部分。
17. 做配对游戏。
18. 给学生分组。
19. 让学生写下问题或意见，然后交给老师，作为离校出门条。
20. 向同学提问，比如"你想和我一起吃午饭吗？"
21. 总结一节课、一个故事或者一项活动的主题。

图 7.3　便利贴的 21 种用法

有关学业支持的常见问题

问：有一次，一位学生对给他提供支持的特殊教育教师说"走开"，但教师又不能让他自己在那儿干坐着，该怎么办呢？

答：耐心听听学生的想法。如果学生要求老师不要教他，那就暂时不要为他提供辅助。仔细想想有什么办法能既不靠他太近，又可以为他提供辅助。本章列出的一些办法对你应该有所帮助。

问：我发现助理教师没有拿到纸质的教学计划，而且他们也没有时间参加教育团队会议。我该如何处理呢？

答：这个问题很常见也很重要。你可以坐下来厘清助理教师和教师的时间表，安排能共同沟通的时间。

问：我带领的教师们已经开始合作制订计划和授课，但我注意到大多数教育团队（主要是大型团队）都在使用传统的讲授式教学方式。我现在应该做什么呢？

答：教师能够合作制订计划和授课是一项极大的成功，值得庆祝。帮助他们拓展技能非常重要，有很多方法可以帮助教师了解主动学习、适当改动的措施或差异教学策略。你可以鼓励教师参加相关主题的学习或探究小组，让教师学习一些新策略，并将策略予以实施，再加以讨论。

本章小结

作为校长，虽然你不经常为学生提供直接支持，但熟悉支持学生的多种方式仍然非常有帮助。在学校为学生提供帮助时，细心的支持具有重要意义。教育团队应当安排时间，讨论支持的类型，让学生能够学习某些科目或参与某些活动。同时，教育团队还要讨论如何逐渐撤出支持，如何将教学材料和教学过程更好地与课程融合——这些时间值得花费。有趣的是，当团队为特定学生做出某些改动时，所有学生的学习效果都会有所提升。本章开头的漫画便生动地传达了这一观点。本章重点关注了为学生提供学业支持的诸多策略和方法，下一章将重点介绍行为支持策略。

读后随感

第八章

提供行为支持

普通孩子的表现也是五花八门、千奇百怪,一想到这些,贝克老师就觉得大卫好像也没那么怪。

> 我每天花太多时间处理学生的问题行为了。我办公室的门都快变成一个旋转门了。
>
> ——米歇尔（校长）

> 我们学校的老师们认为我在处理问题行为上不够强硬。我尝试和每一个被送到我办公室的学生建立关系。其他老师却希望这些被送到校长办公室的学生能够尝到"后果"。于是大家对有问题行为的学生的态度是：让学生离开，受到惩罚。我们都知道这样并不能改变行为，而且我认为问题行为远比我们想的复杂得多。
>
> ——戴尔（校长）

有一次，我们给许多老师做培训，其间，让老师们列出遇到过的学生最严重的问题行为。老师们想了一会儿，之后就把自己写的交了上来，然后朱莉就把这些写到纸板上。老师们提到的问题行为有骂人、打架、大喊大叫、封闭自己、一言不发、跑出房间、打人、自伤（如咬自己的胳膊）。

然后，我们又问这些老师自己有没有过这些行为。我问他们有没有谁曾经骂人、打架、大喊大叫、封闭自己、一言不发、跑出房间、打人、自伤，有的请举手。几乎所有人都举起了手，这个时候房间里爆发出一阵尴尬的笑声。不过，这些行为不会影响这些老师的形象，因为绝大部分人都有过这些所谓的问题行为，或者说是令人担心的行为，大家都有过这种时候。接下来，我们又问这些老师他们的问题行为和学生的问题行为有何不同，有位老师半开玩笑地说："我发飙是真的有原因的呀！"那你们猜学生发飙有没有原因呢？当然也有。

之后，我们又让这些老师想一想，当自己出现问题行为的时候都需要什么。老师们集思广益，列出了很多建议：一个拥抱、放个假、一个倾听者、一杯红酒、打个盹、一段冷静期、转移话题、和他人诉说。我们认为这些建议都很好。当我们处于愤怒或者闹情绪的时候，这些建议都可以让我们冷静下来。不过，需要注意的不仅是这里提到的办法，还应该注意有什么办法是没被提到的。没有老师提到自己需要"小红花"。没有人提到自己需要有人教育，需要有人把自己带出教室。这些老师和绝大多数成年人一样，需要帮助，需要安慰，需要冷静，需要理解。学生也需要这些。

在你的工作生涯中，几乎无可避免地需要和有问题行为的学生相处。这些行为五花八门，相对来说比较温和的有逃课或封闭自己，比较严重或者外显的有和同学打架、跑出学校或自伤。本章先讨论人们面对问题行为的时候都有哪些常见反应，再概括介绍积极行为支持的理念。之后再提出一系列的建议，谈谈在学生出现问题行为之前、期间、之后教师应该怎么做。在本章结尾，我们依然会回答一些常见问题。

面对问题行为的常见反应

新罕布什尔大学残障研究所（University of New Hampshire's Institute of Disability）研究员赫伯·洛维特（Herb Lovett）这样形容人们面对问题行为时的典型反应：

> 面对不受欢迎的行为，我们的第一反应就是采取行动去纠正这些行为，因为在我们眼里这些行为是不可接受的、不恰当的。这种做法背后的理念是：出现问题行为的人已经失去控制了，那些负责管理他们的人——控制他们的人——有责任重新控制他们，为了达到这个目的，他们应该使用专门设计的某些方法和技巧。（1996，p136）

这种反应的主要问题是，如果选中的控制方法不起作用，教师或助理教师往往会感到很挫败，接下来就会使用更具惩罚性的方法重获控制。这种做法往往会适得其反，而且，由于需要控制和纠正学生，教师和助理教师经常人为地制造了巨大的障碍，这些障碍让他们与自己本该支持和教导的学生越来越疏远（Lovett, 1996）。以下是一些想法和建议，帮助大家思考如何避免面对问题行为时的这些典型反应，让我们使用更人性化的行为支持方法。

积极行为支持

詹尼和斯内尔提供了一个非常好的对于积极行为支持的解释：

> 积极行为支持是在反对传统机械式的，甚至是对残障学生有害的行为管理做法中发展起来的。这种方法强调使用协同合作的方式，遵循解决问题的流程，通过提供有效的教育方案和创造良好的支持环境，建立起一系列针对问题行为的预防和补救措施。（2008, p.2）

积极行为支持的基本理论框架如下（Carr et al., 2002; Janney & Snell, 2008）：
- 行为是习得的，是可以改变的。
- 干预的基础是研究行为。
- 干预强调预防问题行为和教授新行为。
- 被干预者本人和社会都认可干预的成果。

- 干预需要全面、综合的支持资源。

请注意，使用积极行为支持需要团队合作，不应指望一个人设计出整个支持计划。但是，作为学校领导，你应当亲身实践积极行为支持并以同样的标准要求其他老师，这是十分关键的。所以，清楚理解积极行为支持计划的基本主旨相当重要。

主动行为管理

只要我们提前准备，学生的大部分问题行为都是可以避免或管理的。提前准备，需要判断什么办法对学生有效。

> 加布有孤独症，每次日程安排发生变化的时候，他都很难接受。他需要知道什么时候会发生变化。如果日程安排出现意外变化，他就会藏在柜子里，或者走来走去，或者在房间里到处跑。为了避免这样的问题，可以帮助加布为每天的日程做好准备。教学团队的做法是每天早上都让一位同学接加布下校车，然后一起去教室，到了教室以后，就看看当天的日程安排。加布自己也有一份日程表。帮助加布为一天的活动做好准备，减少他的焦虑，这个办法是最有效的。

建立关系

洛维特强调了关系和连接的重要性，这是对学生的行为支持中最核心的问题。

> 对于问题行为，采取积极的应对方式会让人们建立一种关系，这种关系是大部分人都有并且也都非常看重的，那就是稳定持久、互相喜爱、互相尊重。在这样的关系里，我们都会犯错，在某些方面都有不足，但是能够维系这段关系的，并不是我们做得有多好。在这样的关系里，要评估我们做得好不好是比较难的，因为关键因素不单单是数量够不够的问题，而是质量好不好的问题，这个问题更为复杂。然而我们专业人员常常忽略了人际关系的重要性。（1996, p.137）

了解自己的学生，知道他们喜欢什么，这个办法在应对问题行为的时候真的很有用。瑙斯特（Knoster）曾经强调："想要帮助学生规范自身行为，就要与学生建立适当的融洽关系，这是绝对必要的先决条件。"（2014, p. 25）

> 丽莎是康妮的助理教师。康妮是一位有唐氏综合征的高中生。丽莎一直觉得自己很难了解康妮。她们没办法熟络起来。于是丽莎决定周末去康妮的家中拜访，以便更好地了解她。

丽莎得到了教育团队和康妮父母的同意。康妮带丽莎参观了她的家,并把她介绍给哥哥和祖母。最重要的是,丽莎也认识了康妮的小狗钱普。丽莎告诉我们,这次家访是打破她和康妮之间那堵墙的最关键的一步,这一步也让她们开始互相信任彼此。当我们采访康妮,问及她和丽莎的关系的时候,康妮说:"我相信她。我们一起经历了起起落落。没有她,我都不知道要怎么办。"

显而易见,丽莎创造了一个让康妮信任她的机会。她通过家访获得了康妮的信任,成了康妮生活中一个值得信赖的角色。我们有很多可以和自己的学生建立关系的方法,这些方法可以让学生知道师生之间是可以互相信任的。这些方法包括:当学生需要你的时候,你基本上都能在他的身边支持他;和学生一起玩;了解学生的家庭生活(不只通过家访);和学生一起看他们喜欢的电影;参与学生喜欢的活动;和学生讨论他的朋友们或者兴趣爱好。接下来,我们将讨论更多和学生保持融洽关系的方法。

如何帮助教职人员和学生建立融洽关系?

莱瑟姆(Latham,1999)就父母如何与子女建立融洽关系提出了一些想法。虽然很多教职人员、学校管理者在和不同类型学生建立关系方面有着很强的能力,但也有很多教职人员在这方面有困难。我将这些想法稍做修改,使其适用于教职人员和学生相处。具体步骤如下:

1. 利用适合学生年龄的身体接触(击掌、握手),面部表情(符合所处情境),语调(如声音应该与所处情境相匹配)和肢体语言(如看起来很放松、张开双臂、神情专注、看着学生)。
2. 问一些开放式的问题(如"你放学后要做什么?""给我讲讲那部电影呗")。
3. 学生说话时要注意听。最好是让学生多说,老师要少说(不要打断学生,也不要转换话题)。
4. 说些表示共情的话。要表示自己理解学生、关心学生,要像镜子一样投射学生的感受。
5. 忽略那些让人不喜欢的表现,先不要在意小问题。

教学活动要发挥学生的长处

对学生进行积极行为支持,最简单的方法就是把教学活动和学生的长处联系起来。例如,允许一个有绘画特长的学生在他的社会学课上通过画画表达想法,这个学生就更有可能积极参与课堂,表现出积极行为。作为学校领导,你也许无法掌控每一节课的教学计划。但我们知道,在帮助教师把新的教学方式融入对学生的支持这方面,学校领导能起到关键作用。通过使用积极的解决问题的方法,尝试新的想法,实行新的方案,你可以帮助你的教育团队运用不一样的方法,也许其他教职人员也可以尝试这些方法。你可以经常给出新的建议。在支持学生这一方面,永远不要低估自己的能量和创造力。

> 苏(助理教师)负责为亚历克斯(一名学生)提供支持。亚历克斯需要经常在教室里走动。于是苏问班上的普通教育教师是否可以在墙上贴上白纸,这样所有学生都可以站起来用马克笔做头脑风暴活动,而不是在自己的桌子上写。普通教育教师愿意尝试这个方法。结果,不仅亚历克斯取得了进步,其他学生似乎也非常喜欢这个方法。
>
> 在运用这个方法之前,人们都认为亚历克斯是个很调皮的学生,总坐不住。他经常离开座位、抖动身体,或者走来走去。而苏注意到的是,亚历克斯的问题行为是在告诉我们他的学习偏好(通过身体动觉学习),所以她才想出了让学生在学习的时候多运动的方法。

知道并了解学生为什么会出现问题行为,可以帮助教职人员明白学生的需求。研究表明,结合学生的优势开展教学活动,可以有效减少问题行为,让学生更多地专注于学习任务(Kornhaber, Fierros & Veenema, 2004)。以下是具体例子:

- 如果学生总是动来动去,说明他们是通过身体动觉学习的类型,在教学活动中需要更多动起来的机会。比如,允英在学习的时候就需要动来动去。因此,老师给全班朗读课文的时候,就让允英坐在一把摇椅上。在允英所在的班级上课或开展某些活动的时候,老师让所有学生想怎么坐就怎么坐。
- 如果学生总是讲话,说明他们是通过人际互动学习的类型,在学习时就需要更多的互动。比如,格温和同学讨论的时候学习效果最好。那么,老师在布置写作任务之前,就给她几分钟时间让她跟朋友聊一聊自己准备写什么。
- 如果学生不停地唱歌,说明他们有音乐天赋,在学校时可以让他们接触更多音乐。比如,露西喜欢音乐,所以她的老师就在写作课上放音乐。音乐能让露西保持专注,其他学生也很喜欢。
- 如果学生喜欢把学习内容和自己的生活联系起来,说明他们是通过认识自我学习的类型,在学校需要有更多时间把学习内容和自身情况联系起来。比如,杰瑞喜欢把学习内容和自己联系起来,所以在学习《草原上的小木屋》这一单元的时候,老师给杰瑞布置的作业是分析一下书里的人物,想想自己和这些人物的共同点和不同点是什么。
- 如果学生喜欢画画或者涂鸦,说明他们是通过探索视觉空间学习的类型,那就可以把艺术作为学习过程的一部分。比如,罗宾喜欢画画。因此,在听关于细胞分裂的讲座时,他可以用画画的形式把概念展示出来。
- 如果学生喜欢数学计算,说明他们的逻辑能力很强,教师可以运用数学和逻辑帮助他们学习其他科目。比如，乔治喜欢数学，但英语学得很吃力。那么，教育团队可以让他在学习《罗密欧与朱丽叶》的时候，通过画文氏图、时间线和图表分析剧情和人物。这样做可以帮助他记住故事里的所有人物。在课堂讨论中，他向其他学生展示了自己画的图表，帮助其他同学一起记住故事情节。

打造利于积极行为的环境

你有没有走进过这样的教室，人一进去就感到压抑和浑身不自在？你有没有遇到过一个让人只想逃出去的学习环境？那么，什么样的环境才能促进学习呢？下面列出的建议可以帮助我们把教室环境变得更加舒适。

- 课桌摆放应该方便学生互动。把课桌围成一圈比排成一排更有可能促进互动。
- 让残障学生分散坐在不同的地方，不要把他们分在同一组。
- 打造平静放松的氛围，让学生可以自在地走动，并与他人交流。
- 把日程安排或者每日课表贴出来，这样大家都知道什么时候应该干什么。
- 不要让某个学生单独分开坐，这样会孤立他。
- 在教室墙上贴上学生作品供大家欣赏，这样会让学生感觉这个教室是属于自己的。
- 在重要的时刻，放点轻柔的背景音乐。
- 如果想让学生坐在地板上，可以铺上柔软的地毯，会让学生感觉更舒服。
- 如果学生搞不清楚个人空间的界限，那就让他们每人都单独坐在一块小地毯上。
- 如果学生不喜欢上课突然被点到名字，那就形成某种规律，让学生可以预判老师什么时候会提问。

大多数的情况是，在学生出现问题行为之后，校长才会接到老师的电话，然后花时间处理问题。但是，校长的时间和精力更应该放在创造一个令人舒服放松的学校环境上，以此减少问题行为发生的可能。

满足学生的需求

所有人都需要有什么东西让自己开心，这样才能有好的表现。这些东西就被称作普遍愿望（Lovett, 1996）。自主、关系、互助、安全、信任、愉悦、快乐、沟通、自尊、归属感、自我调适及成就感是所有人都需要的。帮助学生满足这些需求，才能打造让学生感到舒适安全的学习环境。反过来看，当学生感到舒服和安全时，他们的行为问题也会得到缓解或解决。

自主

自主指的是自我管理或者自己做主的权利和能力。为了让学生觉得有自主权，要给他们不同的选择，尽量让他们自己做决定。例如选择坐在哪里，选择和谁做同桌，选择大作业用什么材料，选择用什么书写工具，选择是否需要对学习内容做些改动，还有选择吃什么。让学生有更多的选择机会，能提高他们做决定的能力并且让他们变得更为独立。

关系与互助

学生之间的关系是最为重要的。学生需要和同龄人建立关系和连接，所以我们要创造机会让学生互相帮助。如果学生对于关系的需求没有得到满足，他们会想办法吸引他人的注意。学生寻求关注时会有很多表现：可能是拍拍打打，也可能是没完没了地缠人。也有的学生表现得很孤僻，愿意独自一个人。他们可能看起来很生气，可能会通过问题行为让自己从某种情境中解脱出来。

安全与信任

如果你想要和教育团队建立一段安全、信任的关系，就要说话算数、说到做到。如果你的言行能获得别人的信任，这会帮助你更好、更持久地开展工作。想和学生建立关系也是一样的道理。无论是你还是教育团队，都要让学生感觉到学校的老师不是去惩罚或者伤害他们的，这样才能和学生建立安全、信任的关系，所以老师信守诺言是非常重要的。"许多有问题行为的人都碰到过太多没有兑现的承诺"（Pitonyak, 2010, p.18）。校长应该跟教师和助理教师一起合作，要不断地向他们传递这样的信息：你在这里，是为了得到学生的信任，是为了帮助和支持学生，而不是为了惩罚和管理他们。不要把学生带离学习环境。学生每次被带走，不管是因为罚时出局（time-out），还是因为要出去待一会儿，都会产生这样的感受：你在这里是不受欢迎的，你能不能成为这个群体的一员，取决于你的行为表现。这就导致了一个恶性循环：学生没有归属感，就会表现出问题行为，然后学生因为行为不当被带走，从而更没有归属感。

愉悦与快乐

所有学生都需要愉悦和快乐的学习环境。当你在解决如何给学生提供支持的问题时，问问自己："这名学生在教室里是不是感到愉悦和快乐？这种时候多吗？""这名学生和别人一起开怀大笑或者一起嬉戏的时候多吗？""在这个环境里，还能不能多创造些让人觉得愉悦和快乐的时刻？"大多数的情况下，学校和教室都成了没有人想去的地方，不仅学生不想去，甚至老师也不想去。请记住，想办法让你的学生和教育团队感受到更多的愉悦和快乐，这非常重要。

沟通

所有学生都应该有权利表达自己的需求和想法。有一次，朱莉在教室里观察学生的上课情况，授课老师问了关于天气和日期的问题。有一位使用辅助沟通设备的学生按了按键，让设备替他说了："我知道怎么回答。"老师没反应，他又按了一次按钮，后

书号	书名	作者	定价
	融合教育		
0686	孤独症儿童融合教育生态支持的本土化实践创新	王红霞	98.00
*0561	孤独症学生融合学校环境创设与教学规划	[美]Ron Leaf 等	68.00
*0652	融合教育教师手册	[美]Julie Causton 等	69.00
*0709	融合教育助理教师手册（第2版）		69.00
*9228	融合学校问题行为解决手册	[美]Beth Aune	30.00
*9318	融合教室问题行为解决手册		36.00
*9319	日常生活问题行为解决手册		39.00
*9210	资源教室建设方案与课程指导	王红霞	59.00
*9211	教学相长：特殊教育需要学生与教师的故事		39.00
*9212	巡回指导的理论与实践		49.00
9201	你会爱上这个孩子的！：在融合环境中教育孤独症学生（第2版）	[美]Paula Kluth	98.00
*0013	融合教育学校教学与管理	彭霞光、杨希洁、冯雅静	49.00
0542	融合教育中自闭症学生常见问题与对策	上海市"基础教育阶段自闭症学生	49.00
9329	融合教育教材教法	吴淑美	59.00
9330	融合教育理论与实践		69.00
9497	孤独症谱系障碍学生课程融合（第2版）	[美]Gary Mesibov	59.00
8338	靠近另类学生：关系驱动型课堂实践	[美]Michael Marlow 等	36.00
*7809	特殊儿童随班就读师资培训用书	华国栋	49.00
8957	给他鲸鱼就好：巧用孤独症学生的兴趣和特长	[美]Paula Kluth	30.00
*0348	学校影子老师简明手册	[新加坡]廖越明 等	39.00
*8548	融合教育背景下特殊教育教师专业化培养	孙颖	88.00
*0078	遇见特殊需要学生：每位教师都应该知道的事		49.00
	生活技能		
*5222	学会自理：教会特殊需要儿童日常生活技能（第4版）	[美] Bruce L. Baker 等	88.00
*0130	孤独症和相关障碍儿童如厕训练指南（第2版）	[美]Maria Wheeler	49.00
*9463	发展性障碍儿童性教育教案集/配套练习册	[美] Glenn S. Quint 等	71.00
*9464	身体功能障碍儿童性教育教案集/配套练习册		103.00
*0512	孤独症谱系障碍儿童睡眠问题实用指南	[美]Terry Katz 等	59.00
*8987	特殊儿童安全技能发展指南	[美]Freda Briggs	42.00
*8743	智能障碍儿童性教育指南	[美]Terri Couwenhoven	68.00
*0206	迎接我的青春期：发育障碍男孩成长手册		29.00
*0205	迎接我的青春期：发育障碍女孩成长手册		29.00
*0363	孤独症谱系障碍儿童独立自主行为养成手册（第2版）	[美]Lynn E.McClannahan 等	49.00
	转衔|职场		
*0462	孤独症谱系障碍者未来安置探寻	肖扬	69.00
*0296	长大成人：孤独症谱系人士转衔指南	[加]Katharina Manassis	59.00
*0528	走进职场：阿斯伯格综合征人士求职和就业指南	[美]Gail Hawkins	69.00
*0299	职场潜规则：孤独症及相关障碍人士职场社交指南	[美]Brenda Smith Myles 等	49.00
*0301	我也可以工作！青少年自信沟通手册	[美]Kirt Manecke	39.00
*0380	了解你，理解我：阿斯伯格青少年和成人社会生活实用指南	[美]Nancy J. Patrick	59.00

社交技能

*0575	情绪四色区：18节自我调节和情绪控制能力培养课	[美]Leah M.Kuypers	88.00
*0463	孤独症及相关障碍儿童社会情绪课程	钟卜金、王德玉、黄丹	78.00
*9500	社交故事新编（十五周年增订纪念版）	[美]Carol Gray	59.00
*0151	相处的密码：写给孤独症孩子的家长、老师和医生的社交故事		28.00
*9941	社交行为和自我管理：给青少年和成人的5级量表	[美]Kari Dunn Buron 等	36.00
*9943	不要！不要！不要超过5！：青少年社交行为指南		28.00
*9942	神奇的5级量表：提高孩子的社交情绪能力（第2版）		48.00
*9944	焦虑，变小！变小！（第2版）		36.00
*9537	用火车学对话：提高对话技能的视觉策略	[美] Joel Shaul	36.00
*9538	用颜色学沟通：找到共同话题的视觉策略		42.00
*9539	用电脑学社交：提高社交技能的视觉策略		39.00
*0176	图说社交技能（儿童版）	[美]Jed E.Baker	88.00
*0175	图说社交技能（青少年及成人版）		88.00
*0204	社交技能培训实用手册：70节沟通和情绪管理训练课		68.00
*0150	看图学社交：帮助有社交问题的儿童掌握社交技能	徐磊 等	88.00

与星同行

0732	来我的世界转一转：漫话ASD、ADHD	[日]岩濑利郎	59.00
*0428	我很特别，这其实很酷！	[英]Luke Jackson	39.00
*0302	孤独的高跟鞋：PUA、厌食症、孤独症和我	[美]Jennifer O'Toole	49.90
*0408	我心看世界（第5版）	[美]Temple Grandin 等	59.00
*7741	用图像思考：与孤独症共生		39.00
*9800	社交潜规则（第2版）：以孤独症视角解读社交奥秘		68.00
0722	孤独症大脑：对孤独症谱系的思考		49.90
*0109	红皮小怪：教会孩子管理愤怒情绪	[英]K.I.Al-Ghani 等	36.00
*0108	恐慌巨龙：教会孩子管理焦虑情绪		42.00
*0110	失望魔龙：教会孩子管理失望情绪		48.00
*9481	喵星人都有阿斯伯格综合征	[澳]Kathy Hoopmann	38.00
*9478	汪星人都有多动症		38.00
*9479	喳星人都有焦虑症		38.00
9002	我的孤独症朋友	[美]Beverly Bishop 等	30.00
*9000	多多的鲸鱼	[美]Paula Kluth 等	30.00
*9001	不一样也没关系	[美]Clay Morton 等	30.00
*9003	本色王子	[德]Silke Schnee 等	32.00
9004	看！我的条纹：爱上全部的自己	[美]Shaina Rudolph 等	36.00
*0692	男孩肖恩：走出孤独症	[美]Judy Barron 等	59.00
8297	虚构的孤独者：孤独症其人其事	[美]Douglas Biklen	49.00
9227	让我听见你的声音：一个家庭战胜孤独症的故事	[美]Catherine Maurice	39.00
8762	养育星儿四十年	[美]蔡张美铃、蔡逸周	36.00
*8512	蜗牛不放弃：中国孤独症群落生活故事	张雁	28.00
*9762	穿越孤独拥抱你		49.00
0614	这就是孤独症：事实、数据和道听途说	黎义生	49.90

经典教材 | 学术专著

编号	书名	作者	价格
*0488	应用行为分析（第3版）	[美]John O. Cooper 等	498.00
*0470	特殊教育和融合教育中的评估（第13版）	[美]John Salvia 等	168.00
*0464	多重障碍学生教育：理论与方法	盛永进	69.00
9707	行为原理（第7版）	[美]Richard W. Malott 等	168.00
*0449	课程本位测量实践指南（第2版）	[美]Michelle K. Hosp 等	88.00
*9715	中国特殊教育发展报告（2014-2016）	杨希洁、冯雅静、彭霞光	59.00
*8202	特殊教育辞典（第3版）	朴永馨	59.00
0490	教育和社区环境中的单一被试设计	[美]Robert E.O'Neill 等	68.00
0127	教育研究中的单一被试设计	[美]Craig Kenndy	88.00
*8736	扩大和替代沟通（第4版）	[美]David R. Beukelman 等	168.0
9426	行为分析师执业伦理与规范（第4版）	[美]Jon S. Bailey 等	85.00
*8745	特殊儿童心理评估（第2版）	韦小满、蔡雅娟	58.00
0433	培智学校康复训练评估与教学	孙颖、陆莎、王善峰	88.00

新书预告

出版时间	书名	作者	估价
2024.10	孤独症儿童沟通能力早期培养	[美]Phil Christie 等	58.00
2024.10	融合教育实践指南：校长手册	[美]Julie Causton	58.00
2024.10	孤独症儿童家长辅导手册	[美]Sally J. Rogers 等	98.00
2024.12	儿童教养的105个秘诀	林煜涵	39.00
2024.12	面具下的她们：ASD女性的自白	[英]Sarah Hendrickx 等	49.90
2024.12	看见她们：ADHD女性的困境	[瑞]Lotta Borg Skoglund 等	49.90
2024.12	孤独症儿童游戏和语言PLAY早期干预指南	[美]Richard Solomon	49.00
2024.12	特殊教育和行为科学中的单一被试设计	[美]David Gast	68.00
2024.12	融合班级中的特殊需要学生	[美]TobyKarten	49.00
2025.02	沟通障碍导论（第7版）	[美]Robert E. Owens 等	198.00
2025.02	优秀行为分析师的25项基本技能	[美]Jon S. Bailey 等	68.00
2025.04	融合班级中的孤独症学生	[美]Barbara Boroson	59.00

标*书籍均有电子书

微信公众平台：**HX_SEED（华夏特教）**

微店客服：**13121907126**

天猫官网：**hxcbs.tmall.com**

意见、投稿：**hx_seed@hxph.com.cn**

联系地址：**北京市东直门外香河园北里4号（100028）**

关注我，看新书！

华夏特教系列丛书

书号	书名	作者	定价
*0137	孤独症谱系障碍：家长及专业人员指南	[英]Lorna Wing	59.00
*9879	阿斯伯格综合征完全指南	[英]Tony Attwood	78.00
*9081	孤独症和相关沟通障碍儿童治疗与教育	[美]Gary B. Mesibov	49.00
0713	融合幼儿园教师实战图解	[日]永富大铺 等	49.00
*0157	影子老师实战指南	[日]吉野智富美	49.00
*0014	早期密集训练实战图解	[日]藤坂龙司 等	49.00
*0116	成人安置机构 ABA 实战指南	[日]村本净司	49.00
*0510	家庭干预实战指南	[日]上村裕章 等	49.00
*0119	孤独症育儿百科：1001个教学养育妙招（第2版）	[美]Ellen Notbohm	88.00
*0107	孤独症孩子希望你知道的十件事（第3版）		49.00
*9202	应用行为分析入门手册（第2版）	[美]Albert J. Kearney	39.00
*0356	应用行为分析和儿童行为管理（第2版）	郭延庆	88.00
教养宝典			
*0149	孤独症儿童关键反应教学法（CPRT）	[美]Aubyn C. Stahmer 等	59.80
*0461	孤独症儿童早期干预准备行为训练指导	朱璟、邓晓蕾等	49.00
9991	做看听说（第2版）：孤独症谱系障碍人士社交和沟通能力	[美]Kathleen Ann Quill 等	98.00
*0511	孤独症谱系障碍儿童关键反应训练掌中宝	[美]Robert Koegel 等	49.00
9852	孤独症儿童行为管理策略及行为治疗课程	[美]Ron Leaf 等	68.00
*0468	孤独症人士社交技能评估与训练课程	[美]Mitchell Taubman 等	68.00
*9496	地板时光：如何帮助孤独症及相关障碍儿童沟通与思考	[美]Stanley I. Greensp 等	68.00
*9348	特殊需要儿童的地板时光：如何促进儿童的智力和情绪发展		69.00
*9964	语言行为方法：如何教育孤独症及相关障碍儿童	[美]Mary Barbera 等	49.00
*0419	逆风起航：新手家长养育指南	[美]Mary Barbera	78.00
9678	解决问题行为的视觉策略	[美]Linda A. Hodgdon	68.00
9681	促进沟通技能的视觉策略		59.00
*8607	孤独症儿童早期干预丹佛模式（ESDM）	[美]Sally J.Rogers 等	78.00
*9489	孤独症儿童的行为教学	刘昊	49.00
*8958	孤独症儿童游戏与想象力（第2版）	[美]Pamela Wolfberg	59.00
*0293	孤独症儿童同伴游戏干预指南：以整合性游戏团体模式促进		88.00
9324	功能性行为评估及干预实用手册（第3版）	[美]Robert E. O'Neill 等	49.00
*0170	孤独症谱系障碍儿童视频示范实用指南	[美]Sarah Murray 等	49.00
*0177	孤独症谱系障碍儿童焦虑管理实用指南	[美]Christopher Lynch	49.00
8936	发育障碍儿童诊断与训练指导	[日]柚木馥、白崎研司	28.00
*0005	结构化教学的应用	于丹	69.00
*0402	孤独症及注意障碍人士执行功能提高手册	[美]Adel Najdowski	48.00
*0167	功能分析应用指南：从业人员培训指导手册	[美]James T. Chok 等	68.00
9203	行为导图：改善孤独症谱系或相关障碍人士行为的视觉支持	[美]Amy Buie 等	28.00
*0675	聪明却拖拉的孩子：如何帮孩子提高效率	[美]Ellen Braaten 等	49.00
*0653	聪明却冷漠的孩子：如何激发孩子的动机		49.00
0703	直击孤独症儿童的核心挑战：JASPER 模式	[美]Connie Kasari 等	98.00
*0761	约法三章：用行为契约和孩子一起养成好习惯	[美]Jill C. Dardig 等	69.00

来晨会期间他又按了三次，但是老师一直都没叫他回答。老师好像对那个设备的声音感到厌烦，最后走过去把设备没收了。后来学生找到了那个设备，按了按键，让设备替他说："我很难过。"这件事说明了一个重要的问题。交流的权利不应该是争取来的，也不应该被剥夺。任何想要交流的尝试都应该得到尊重，因为所有人的声音都需要被人听到，也值得被听到。

如果学生觉得没有人听到自己的心声，他们就会想办法用行为表达自己的想法、情绪和需求。学生会维护自己的独立，会通过某些行为获得愉悦与快乐的感受，他们没有安全感或者需要表达什么的时候，会通过行为表现出来。有目的地创造交流机会，这对帮助学生减少问题行为非常必要。学生表达的可能是"我感觉很孤独""我没有安全感"或者"我不知道怎么才能告诉你我需要什么"。要从他们的行为中分辨出他们想要表达什么可能并不容易，但重要的是要记住，所有的行为其实都是一种交流。作为学校领导，你的职责之一就是帮助教育团队搞清楚学生通过行为想要表达的是什么。关于如何帮助教职人员更好地满足学生的需求，表 8.1 中列出了一些建议。

表 8.1　如何满足需求

学生出现下列行为	可以这样满足需求	活动举例
话多	给予说话的机会	"边走边说"游戏；"思考分享"活动；辩论；"轮流说"游戏
好动	给予活动的机会	站着写字；像涂鸦一样写作业；躺着写字[1]；举办舞会；"背对背"游戏
总想出风头	给予出风头的机会	排队排第一；发作业；做老师的小帮手；拿教鞭
害羞	社交互动中给予更多支持	加入团队之前把自己的想法写下来；"时钟搭档"游戏[2]
不合作	提供更多选择	自己选择写字工具；自己选择喜欢的纸张及其颜色；自己选择教具
大哭大闹	给他时间等他冷静下来，之后为其提供一个计划	"等你准备好了，我们来写第一步吧。"
欺负别人	创造培养友谊的机会	午餐时根据兴趣爱好分桌坐；与同学对话时提供支持

---

[1] 译注：原文是"米开朗琪罗风格"，后文中有解释，指的是把作业单粘在课桌底下，让学生仰躺着写字的方式。

[2] 译注：给学生发一张纸，画上时钟，让学生自己约搭档，约到以后商定一起学习、游戏的时间，并在时钟图相应的时间旁写上对方的名字，通过这种方法让学生在不同的时间都有同伴，与更多的同学互动。

续表

学生出现下列行为	可以这样满足需求	活动举例
封闭自己	教他如何表达不满、难过、沮丧	准备一张卡,上面写"我需要休息";准备一块白板,把自己的感觉写在上面
发出噪声	给予机会发出噪声	给他鼠标垫让他拍;反复朗读同一段文字
打断别人说话	给予课堂发言的机会	"轮流说"游戏;随便说点什么;社交暂停[①];合作学习小组
无法在指定座位上安坐	给予机会选择最适合自己的写作业方式	使用带夹子的写字板趴在地板上写作业;使用乐谱架;躺着写字;像涂鸦一样写作业

问问自己:学生需要什么?

在讨论如何解决问题行为的时候,让教育团队为每一个学生制订一个计划,帮助他获得更多能够满足其需求的东西。例如,如果教职人员认为学生需要更多的选择,他们就要为学生提供更多的选择,而不是限制他们的选择。

我们知道这个建议与大多数行为干预体系和方案相悖。很多人都认为,如果给了学生需要的东西,他们就会变本加厉。但是事实正相反。如果教职人员想办法满足了学生的需求,他们就无须通过更多的问题行为获得他们想要的东西(Lovett, 1996; Pitonyak, 2010)。

以下是每个教育团队成员都需要问问自己的很有帮助的问题:

- 这个学生的需求可能是什么?
- 这个学生在校期间需要更多愉悦感受和快乐时光吗?
- 这个学生需要更多选择或者需要对自己的事情多些掌控吗?
- 这个学生需要更多的归属感吗?
- 这个学生需要与别人发展关系、互相帮助吗?
- 这个学生需要更多的自主权吗?
- 这个学生需要更多的交流机会吗?

首先,请分析学生的需求,然后和团队一起确定可以通过什么途径满足学生的需求。表8.2中为教育团队提供了一些从另一个角度看待问题行为的建议。

---

① 译注:在工作或学习中暂时停止与他人互动,以便休息或恢复精力。

表 8.2　换一个角度思考问题行为

问题行为	盯着缺陷思考问题	换个角度思考
动个不停	为什么佐伊在集体朗读活动时就不能端端正正坐好呢？	我该怎么设计朗读活动，才能让佐伊可以一边四处走动一边学习呢？
说个不停	数学课上，为什么我讲课的时候，利亚姆总打断我？	我该怎么设计课堂互动讨论活动才能让学生明白，我希望大家以有意义的方式参与课堂活动呢？
唱个不停	即使我已经告诉米娅，现在是阅读课的独立完成作业的时间，为什么她还是要不停地哼歌呢？	我可以提供哪些支持满足米娅的感官需求，能让她在阅读课上更加高效，而且同时不会影响其他人的学习呢？
以自我为中心，总是说："我、我、我……"	我们在科学课上学习新内容的时候，为什么詹姆斯总是提到自己，说他在学校之外做过的活动和事情？	詹姆斯可以怎么分享他在科学方面的知识来激励他周围的人呢？怎么才能利用做个"科学家"的志向鼓励詹姆斯阅读信息型文本呢？
封闭自己	有陌生人和雅茨讲话时，为什么他会把脸遮起来？	我们可以为雅茨提供什么样的支持，帮助他和新认识的人建立关系，与他们有效互动呢？
老是问"为什么"	阿什利为什么总是问"为什么""为什么"，这不就是挑战老师吗？	如何在学习活动中融入研究的机会，让阿什利对于"为什么"背后的知识进行深入学习？
挑衅或者拌嘴	在自由活动时，以赛亚为什么总和老师、同学争吵？	可以教以赛亚哪些社交技能，帮助他有效地参与到学习小组中，和同伴一起玩？
跑出教室	为什么艾登会尖叫着跑出课室？	艾登是否有一套有效的沟通系统？他想通过这个行为表达什么？学习任务是否经过了差异化设计来满足艾登的需求？
做出自我伤害行为	为什么克罗伊一直咬自己的手指直到流血？为什么她还有类似的其他伤害自己的行为？	这个行为的功能是什么？我有没有问过克罗伊她为什么这样做？
粗鲁地对待老师和其他工作人员	助理教师正想办法给杰克解释那些要求，杰克却打了她一巴掌，这是为什么？	助理教师是否离得太近了？在学业和社交方面提供的支持是不是太过了？我们如何渐渐撤出支持？我们怎样教杰克在需要的时候寻求帮助呢？

克服重重困难

在面对问题行为的时候，学校教师的反应通常是让学生承担后果、警告学生要承担后果、取消奖励或者忽略，在某些情况下，教师还可能会强制学生规范行为。强制学生规范行为可能需要接触学生身体迫使其移动，或者手把手辅助。

记得有一次，我们看到了一名学生在课堂上出现问题行为。当时这位学生本来应该在作业治疗师的指导下做方块积木活动。然而，学生却开始跑来跑去，并且把方块积木扔向作业治疗师。作业治疗师警告他说："如果你不停下来，我就把你的名字写在黑板上，取消你的课间休息时间。"学生没有停下来。作业治疗师走到黑板前，把学生的名字写在了上面，甚至用了大写字母。学生这时叫得更大声了并继续在教室里来回跑。于是作业治疗师在学生的名字旁边打了一个叉，结果学生不停地把更多的积木扔向作业治疗师，积木像雨点一样打在作业治疗师身上。作业治疗师说道："现在要罚你进隔离教室！"她把又踢又喊的学生拽到了隔离教室，最后这名学生在隔离教室声嘶力竭地喊了2个小时，直到睡着。

这种情况确实很难处理，你可能也见过类似的情况。针对这种情况，可能没有简单的解决方案，但是教育工作者往往会直接警告和隔离学生，把这些手段当成了第一道防线。研究人员已经发现，尽管隔离这种负强化[①]可以使某种行为在短期内不再发生，但长远来看，这种办法既没效果，也不人道（Kohn, 2006）。

让我们想出些办法倒也不难——我们以前也不是那种因为学生四处乱跑或者扔东西就抓狂的人。但是，我们还是希望读者自己思考一下，在上面那个例子里，作业治疗师能否对问题行为做出不同的反应？如果作业治疗师采取了下列的行为，你觉得她和这个扔积木的男孩之间的互动会发生什么改变？

- 走到学生身边，轻轻地问他："你现在需要什么？"
- 给学生一张纸，然后说："有什么不舒服的吗？画出来给我看看。"
- 冷静地问学生要不要休息一会儿或者喝点水。
- 让学生帮自己一起收拾教室。
- 换一个教学活动，让学生帮自己准备下一个活动。
- 解读学生的行为，然后对他说："扔完之后你感觉好点了吗？"或者说："可以和我说说，哪里出问题了？"

如果这位作业治疗师以上面任何一种方式回应学生的问题行为，这名学生可能都

[①] 译注：原书中引用了负强化（negative reinforcement）相关的一句话，但严格按照行为分析的概念来讲，警告和孤立并不是负强化，而是惩罚，目的是降低行为发生的频率。而一般使用负强化的目的也不是阻止某种行为，而是消除某种厌恶刺激以增加某种行为发生的频率，作者可能对负强化的概念理解有误，误将"惩罚（punishment）"理解为了"负强化"。

不至于最后要进隔离教室，这样不但浪费了学习时间，而且对学生和作业治疗师来说都是很大的创伤和损失。

阿尔菲·科恩（Alfie Kohn）在奖惩方面很有研究，也很有见地，他认为奖励和惩罚在短期内是有效的。但是，所有的教育工作者都要问问自己："到底是在哪些方面有效了？"再问问自己："有效的代价是什么？"如果让老师想得长远一点，思考一下自己对学生未来的生活有哪些期许，他们可能会希望所有的学生都能自力更生，有责任感，擅长处理人际关系，还有一颗爱心。奖励和惩罚只能让学生暂时地遵守规则。奖励和惩罚只是换来了服从（Kohn, 2006），却对培养内在的责任感毫无帮助。举个例子吧，假设你跟朱莉一样不太喜欢倒垃圾。现在，想一下，如果每次倒垃圾的时候，都有人对你说："倒垃圾呀？干得好！"你会怎么样？这会让你更有积极性吗？可能不会。有些时候，人们以为有些东西会有激励作用，但实际上并不是。

所有行为都是一种表达

理解所有行为都是在试图表达什么，这一点非常重要。如果一个学生表现出问题行为，可以问问自己："这个学生可能想表达什么？"如果你已经尽最大努力思考了学生的需求，那试试看能不能满足他。我们曾见过一位助理教师，他完美地做到了这一点。有个名叫海登的学生不停地拍打同学莎拉的后背，莎拉看上去很烦恼。这位助理教师没有武断地认为海登就是想惹人讨厌或者引起注意，而是把这种行为看成努力与朋友互动。于是他悄悄地对海登说："你是不是想和莎拉坐得近一点，和她说话呀？想要和别人说话的一种办法就是直接对她说'嗨'。"于是，海登靠近莎拉坐下来，对她说"嗨"，然后他们就开始说话了。

想要搞清楚学生的行为是在表达什么，可以试试下列方法：
- **直接询问**。可以这样说："我看到你在（做什么），你希望让我知道什么呢？"或者"你撞头，肯定是在表达什么，是什么呢？"
- **观察分析**。记录学生在出现问题行为之前和之后所发生的事情，和团队一起分析学生通过该行为想要得到什么。
- **正向解读**。最重要的是要考虑你是如何看待这名学生的。想想如何以最善意的动机来解读当时的情况（Kohn, 2006）。要相信学生没有恶意，学生可能就是想要自己的需求得到满足，或者是想表达什么东西。

下面是我们曾在学校走廊上看到的，运用"积极行为动机"的策略解决问题的例子。一位女学生在走廊里撞到了老师，她的书包还碰到了她。老师弯下腰并对这位学生大声呵斥："别再到处乱跑了！你要是再这样，我就给你妈妈打电话。"（相信我，我也觉得这样做不太好！）随后，跟着一起走的助理教师对这位老师说："我觉得她不是故意撞到您的。刚刚发生的情况我也看见了。她和朋友一边走一边聊天，没有注意到您，她不是故意要撞您的。"

上面这种情况可以从善意和恶意两个角度解读。当从善意的角度出发时，你通常会以积极的眼光解读整件事，而且这种解读可能更符合实际情况。这种积极的解读会让我们采用更人性化的方式处理问题。相反，如果以恶意的角度解读行为，那我们就很容易用恶意的态度回应行为。

你自己曾经失控过吗？你失控的时候需要什么？需要有人倾听吗？需要找人倾诉吗？你是不是不希望旁人给你什么建议，只是希望小睡一会儿或者一个人待一会儿？学生处在水深火热之中的时候，需要的常常是一个情绪平静的人给他最体贴的关爱。他们需要一位让他们有安全感的、平静而冷静的成年人，可以温柔地、平静地为他们提供支持。

一名学生处在水深火热之中（或者不仅是这种时刻，而是任何时候）的时候，不想别人对他们视而不见，对他们大喊大叫。他们不想被敌视、讽刺，不想被公开羞辱，也不想被强制带离。

行为管理（尤其是孤独症学生的行为管理）方面的专家葆拉·克拉思（Paula Kluth, 2005）提出了下列建议：

> 学生连踢带咬、撞头、尖叫，很可能是因为痛苦、困惑、害怕或不舒服。这个时候，最有效、最人性化的反应是为她提供支持，以让她觉得舒服的方式行事，帮她放松下来，重获安全感。教育的事可以放到后面。出现危机的时候，教师必须倾听学生、支持学生，或者就是陪伴在学生身边。(p.2)

其他学生表现如何

在教室里，接受成年人的支持的学生往往会受到更多苛责，有时候大家对残障学生在行为方面的要求反倒比其他学生更为严格。我们在课堂上经常看到这样的情况。有一次，我们听到一位老师提醒学生学习的时候要坐直，尽管这时候教室里有两位学生在睡觉，一位学生在地板上爬。观察一下，老师对班上其他学生的行为要求是什么。我们不应该用更高的标准要求需要我们提供支持的学生。本章开头的漫画就说明了这一点。

不要觉得学生在针对你

作为一名特殊教育工作者，朱莉处理过不计其数的问题行为。作为一名校长，乔治也处理过不少。我们面临的挑战是如何不带个人偏见地看待这些问题行为。我们都曾经遇到过那些非常善于找到老师的易怒点并进行挑衅的学生（起码我们是这样认为的）。我们能给出的最好的建议就是：记住，这些挑衅行为不是针对我们个人的。我们接触到的许多学生都有问题行为。这些学生只是需要学习如何管理好自己的行为。我们时不时地告诫自己："这样的行为不是针对我个人的，尽管这个学生刚才给我起了个绰号，但这不是在针对我。"有些学生的问题行为是他们的残障造成的。帮助教职人员理解下面这一点很重要：你不会对一个走路困难或者有阅读障碍的学生生气，因为你会觉得这只是他残障的表现而已。同样，你也不应该对那些很难规范自己行为的学生生气。学生出现问题行为的时候，最好、最人性化的反应就是为他们提供帮助和支持。

站在家长的角度思考

记住，每个学生都是别人的孩子。面对学生的问题行为时，把自己想象成深爱这个学生的人。想象一下，如果你是看着孩子从襁褓里慢慢长大的那个人，会是什么感觉，站在这个角度看，你会有什么反应？如果这是你的儿子、女儿、侄女或侄子，你会如何反应？如果你和教育团队站在爱和接纳的立场帮助学生，你们就更可能怀着仁心和关怀应对学生的问题行为，而不是惩罚和控制学生。

帮助学生继续前行

如果学生刚刚经历过问题行为的大爆发，他可能会感到难堪、疲惫，或者还没有摆脱负面情绪。帮助学生走出来是很重要的。学生经历过问题行为爆发之后，应该由教育团队的一位老师出面让学生知道危机已经结束了，了解学生的情绪状况，帮助他走出来。表 8.3 列出来的用语可以作为指引，帮助你或你的教育团队思考如何和学生进行交谈，帮助他们渡过情绪危机，但是不要死记硬背这些话，也不要重复地说。对于和学生打交道的老师来说，最重要的是，和学生交流时，声音要平静、温柔。

问题行为爆发后，教育团队应该帮助学生修复、弥补行为带来的后果。当成年人犯了错或者发脾气之后，他要做的第一件事就是修复行为带来的后果。有一次，我们在做讲座的时候，拿一位现场观众当作例子。我们当时没想到这样会让那个人尴尬，但后来我们意识到确实让他尴尬了。我们都很过意不去，觉得必须要做些什么来弥补。于是，我们写了一封道歉信。对学生来说，写道歉信可能不是一个最佳方法，但关键在于教育团队应该帮助学生想出可能的补救办法，让他行动起来。解决方法要与问题相匹配。例如，如果学生在发脾气的时候把书架上的书扔到地上了，最好的解决方法是让学生把书捡起来。如果学生把自己的绘画作品撕烂，那解决方法可能是让学生把碎片粘起来或者重新画一幅。如果学生对同学大喊大骂，解决方法可能是让他写一封道歉信，画一幅表达道歉的画，或者只是简单地说一声"对不起"。补救措施不要超出问题本身。补救的主要目标应该是让学生尽快回去做事。

表 8.3　学生出现问题行为以后应该如何与其交流

向学生传递这样的信息	可以这样应对
危机已经结束	"都过去了。" "没事了。" 让学生把烦恼画出来，然后让他把写的东西都划掉，这个动作象征着事情过去了。
认可学生的感受	"有这种感觉是正常的。我知道这对你来说很难熬。" "现在都结束了。" "很难熬吧，我知道。" "看得出来你确实很苦恼，很生气，很难过。" 画一幅画，里面是这名学生，再在他旁边画个泡泡，里面写上他的想法。请学生帮你搞清楚他的想法和感受。
这件事已经过去了，现在向前看	"我们现在需要什么？" "我该怎么帮你回去继续学习呢？" "你想休息一会儿，然后重新振作起来吗？" "你现在想马上回去学习吗？" "你需要什么，画出来给我看看吧。"

有关行为支持的常见问题

问：如果学生没有受到惩罚，他会不会继续出现问题行为？

答：我们不赞成施加惩罚。事实上，关于罚时出局和惩罚的使用，研究者们已经做了很多研究。研究显示，惩罚只会在短期内起到作用，但对学生有长期的负面影响（Kohn, 2006）。研究还显示，严厉的惩罚手段，例如停课，并不能消除学生的问题行为，只会引发更多次的停课。

问：我有一位学生，他对同学没有攻击行为，只会攻击老师。这说明了什么呢？

答：这种表现通常说明为他提供的支持在类型或强度方面存在问题。有些治疗师、助理教师或教师提供的支持不对，会让学生感觉自己和别人格格不入或者让他们不舒服，学生攻击的常常就是这些人。例如，有个 12 岁的女孩对她的助理教师充满敌意。这名助理教师的工作是坐在女孩旁边为她提供密集支持。这位助理教师还使用了一种叫作"蜘蛛"的技术（将一只手放到学生的后脑勺上）。可是女孩对这种类型和力度的支持感到很难堪，也很不舒服。助理教师从女孩身边离开以后，女孩对她的敌意就消失了。

问：我跟很多助理教师说要给学生提供更广泛的支持，不要离开他的身边。我现在知道这样做可能会让一些学生感到难堪，我也知道这种支持可能会引起一些问题。我应该如何处理呢？

答：教育工作者一定要根据学生的实际需要提供行为支持，否则提供的支持可能会对学生的社交或学习兴趣造成负面影响。如果你的学校存在这种情况，要和教育团队一起讨论，在什么时候可以适当减少或慢慢撤出高强度的行为支持。你们可以就以下问题展开讨论："慢慢撤出支持会对这个学生产生什么影响？""还有哪些其他类型的支持对学生有益？"

问：如果一位学生干扰了其他学生，他应该离开教室吗？

答：让学生离开教室肯定是最后的选择，教育团队应该先试试其他不需要离开教室的支持方式。本章已经解释过其中的原因。如果一名学生每次发出噪声都被带离教室，他就会认为是否属于这个集体取决于自己能否保持安静或表现良好。当然，教育团队也要考虑班上的其他学生，但是如果融合做得很好，那么所有的学生都会明白这名学生有可能会发出噪声，但他正在努力解决这个问题，就像其他学生可能也在努力提高其他方面的能力一样。给学生机会，再让他们了解一些信息，绝大多数学生都会很有耐心，让你惊喜。

本章小结

教师和助理教师们如何制订行为支持计划，如何提供支持资源，如何应对问题行为，决定了学生能否取得成功。校长的领导作用就体现在帮助整个教育团队为学生提供有效支持。图 8.1 为大家提供了一个便于教育团队就学生行为给予反馈的表格。请记住，所有行为都是在沟通和表达，所有人都需要获得别人的关爱和耐心。记住这一点会帮助你的团队成功地为学生提供支持。为有问题行为的学生提供支持并不容易，因此，本书最后一章的重点就是你如何照顾好自己，这样你才有足够的精力和能力为所有学生提供最好的教育。

行为支持反馈表

班级:		日期:	时间:
课程/内容:		教师: 1. 2.	
		其他在场教师:	

	目标	完成程度	具体说明
行为的沟通本质	教师努力尝试理解学生的行为在表达什么信息。	☐不确定 ☐较确定 ☐确定 ☐非常确定	教师有没有问学生他们需要什么?
	学生获得了有效的沟通系统。	☐不确定 ☐较确定 ☐确定 ☐非常确定	学生在课堂上通过什么方式进行沟通?
罚时出局	学生出现行为问题时,教师没有罚学生离开教室。	☐不确定 ☐较确定 ☐确定 ☐非常确定	教师如何对行为做出回应?
	教师鼓励学生和他的同伴一起努力改进自己的问题。	☐不确定 ☐较确定 ☐确定 ☐非常确定	教师运用哪些策略促进学生的独立性?
强化	教师使用的强化具有个人价值/意义和社会价值/意义。	☐不确定 ☐较确定 ☐确定 ☐非常确定	教师使用了哪些强化?
	学生有权选择强化方式。	☐不确定 ☐较确定 ☐确定 ☐非常确定	学生对强化做出什么样的反应?

图 8.1 行为支持反馈表(第 1 页,共 2 页)

	目标	完成程度	具体说明
预防问题行为发生	教师把重点放在如何预防问题行为发生，而不是如何应对它们。	☐不确定 ☐较确定 ☐确定 ☐非常确定	教师运用了哪些策略预防问题行为？
	学生正在学习新的替代行为。	☐不确定 ☐较确定 ☐确定 ☐非常确定	学生正在学习哪些替代行为？
建立关系	教师和学生保持融洽的关系。	☐不确定 ☐较确定 ☐确定 ☐非常确定	教师是否聆听学生，是否具有同理心？
	学生在班级里有朋友，并且有归属感。	☐不确定 ☐较确定 ☐确定 ☐非常确定	班级里有哪些同学是学生的朋友？学生和谁进行互动呢？
满足学生的教学活动需求	教师在教学中运用多元智能理论。	☐不确定 ☐较确定 ☐确定 ☐非常确定	多元智能理论如何在教学成果和教学评估中得以体现呢？
	在教学中凸显学生的兴趣和优势。	☐不确定 ☐较确定 ☐确定 ☐非常确定	学生是否参与到那些对他们有一定难度的、有意义且有趣的教学活动里面？
其他考虑因素	教师如何尽力理解学生的需求？（换言之，学生在学校生活中是否需要获得更多的快乐？他们是否需要更多的选择权、控制权、自主权和沟通渠道？他们是否需要建立关系？获得归属感？）		
	课堂环境设置在哪些方面能促进积极行为的发生（例如：学生互动、座位安排、课程安排、学生作品墙等）？		

评价：_____

图 8.1　行为支持反馈表（第 2 页，共 2 页）

The Principal's Handbook for Leading Inclusive Schools by Julie Causton and George Theoharis Copyright © 2014 by Paul H. Brookes Publishing Co., Inc. All rights reserved.

读后随感

第九章

支持自己，就是支持他们
关爱自己

穆迪先生懂得，想让人们做出有意义的改变是多么困难，所以他想通过教会"老狗"新技能的方法来印证自己的方法。

> 要坚持真正的融合教育，每一天都会面对新的压力；这方面的工作永远都做不完，反对的声音也永远存在。
>
> ——梅格（校长）

> 我们知道校长需要制订融合课程，但是我也不能够让自己蜡炬成灰。我要倡导融合教育的方向，同时又不能让自己撞墙。
>
> ——杰夫（校长）

许多教育工作者都在不断学习"自我照顾"。教师在成长的过程中从未停止的就是找到自我学习的方法——包括个人和职业发展两方面。作为一名教授、作家、顾问、最重要的是，作为两个孩子的父母，我们需要切实而不断地自我照顾。在一次探索自我照顾技巧的过程中，朱莉和她的好朋友来到当地的一家书店，经历了一次难忘的心灵之旅。她拿了一本书，开始大声念。书中说，她应该"变成一棵盆栽"或者想象自己"身在一个幽谷中，被动物包围着，然后深呼吸"。朱莉的第一个反应就是"什么是幽谷？""什么类型的动物？""是危险动物吗？""它们狂躁吗？"说着，她和朋友一起大笑起来，直到其他顾客向她们投来冷眼。在另一个回想有关自我照顾方式的时刻，乔治说道："我知道这些疗法很好，但是我必须说，我只需要一个好朋友，一起跑步45分钟，然后喝一瓶红酒。"重点是，我们要注意自我照顾是一个持续不断的过程。

每个人关爱自己的方式都不一样，每个人都需要找到最适合自己的方式。本章并没有如何关爱自己的固定方法，而是提供了一些或许能够帮助你的建议或者例子。如果一位领导不能劳逸结合、不注意健康，或者不能知足常乐的话，他也很难管理好自己的学校。无论你的减压方式是跑马拉松还是泡个澡，重要的是把精力集中在你所享受的事情上，放在那些可以有效帮助你解压并获得健康及身心平衡的事情上。

当好学校领导并不容易。所以还是那句老话，值得去做的事情都是不容易的。我们知道许多校长都认为他们的工作意义非凡，同时又感觉压力很大，每天的情况都不一样，甚至可以说是瞬息万变。但是，有一件事情是肯定的：你必须在照顾他人的同时也照顾好你自己。我们不需要蜡炬成灰的殉道者，我们需要的是引领学校的领导者。诚如本书开头所说，我们知道学校领导在融合教育中的角色至关重要。所以，如果连你都倒下了，无法继续打造和坚持融合教育，那么所有的艰辛和努力都会白费。

从本质上说，如果你连自己的需求都满足不了，那么你也很难全心全意为他人提供支持，很难在为残障学生提供全面的、有意义的融合教育之路上坚持下去。如果你感觉到自己快被压力压垮，也不能帮助他人解决问题，那么你需要建立属于自己的支持体系。本章我们将从一些解决问题的策略开始,然后会分享一些经验,这些经验来自长期坚持从事打造融合教育学校的学校领导者们。你可以看看他们是如何运用工作策略和自我照顾技巧让自己坚持下来的。本章(也是本书)会以一份全新的学校领导者职位描述作为结尾。

解决问题

虽然你已经快看完这本书了,也学到了一些处理各种各样的问题或状况的方法或策略,但问题总会无可避免地发生,有时还可能会让你感到手足无措。当你遇到难以解决的问题时,可以尝试运用以下这些适用于普遍情况的方法或建议(有时候,领导者也会忘记这一点,他们并不需要什么都懂):

- 和你学校的老师们聊聊。
- 跟特殊教育老师们说说你的问题。
- 和其他学校领导者或者校长们聊聊。
- 列出所有可能的解决方案。
- 和学生聊聊。
- 和学区主管聊聊。
- 和一位家长聊聊。
- 和一位助理教师聊聊。
- 把问题画出来。
- 散散步,散步时只考虑如何解决问题。
- 和你最好的朋友或者伴侣聊聊(但必须对学生的所有个人信息保密)。

如果和其他人交谈或自己头脑风暴都不能帮你找到一个新的解决方案,那么你可能需要一个分步骤解决问题的方案,比如创意解难法(Creative Problem-Solving,CPS)。

创意解难法

创意解难法具有悠久的历史,是一种经实证检验的、有效的方法,强调以创新的方式处理和解决问题(Davis,2004;Parnes,1985,1988,1992,1997)。创意解难法是一种工具,可以帮助你重新定义一个问题,想出创造性的解决方法,然后采取行动解决问题。朱莉在开始帮助她所支持的学生解决问题时,首次学到并运用了这个方法。后来,朱莉也用这种方法解决日常生活和工作中的问题。亚历克斯·奥斯本和西德尼·帕恩斯(Osborn,1993)对解决问题所涉及的步骤进行了全面的研究。他们认为,人们通常使用五步流程解决问题。下面对每一个步骤都进行了详细解释。

分析问题

1. 厘清事实——描述你知道的问题，或者你认为是问题的问题。关系到谁？什么情况？什么时候？什么地方？怎么回事？关于这个问题，哪些情况是真实的，哪些不是真实的？

2. 发现问题——搞清难点。换一个角度看问题。把这个句子补全：有没有什么办法能……

集思广益

3. 找到思路——尽可能集思广益。不要急着判断这些思路是对还是错，也不要急着表示赞成（既不要说"这个不管用"，也不要说"好主意"，因为这其实就是急着判断对错的表现）。

准备行动

4. 找到解决方案——把上述想法和你心里的标准进行比较。你是根据什么判断自己的解决方案会不会有效的？

5. 确定可行措施——制订一个循序渐进的行动计划。

以下是助理教师使用创意解难法解决具体问题的示例。

汤姆是帮助特雷弗的助理教师。特雷弗是一名一年级学生。每次在课间活动时间结束的时候，汤姆都无法顺利让特雷弗离开操场回到教室。特雷弗会到处乱跑、躲起来。汤姆抓不住他，也没办法带他进入教室。每次课间活动时间结束的时候，就好像在玩追人游戏似的，只不过汤姆追着特雷弗跑的时候肯定很不开心。特雷弗会爬到滑梯的顶端，当汤姆靠近的时候，特雷弗又会滑下滑梯。如果汤姆从滑梯这边上去，特雷弗就会从攀爬架那里下去。这个画面看起来真有点儿滑稽，但如果你是汤姆本人，就只会感到沮丧和尴尬。汤姆思考分析了特雷弗行为背后的沟通目的，然后认为特雷弗很可能是在传达"他不想结束课间活动回到教室"这样一个信息。但即使是知道了这个原因，汤姆也找不到顺利带特雷弗进教室的办法。他也知道特雷弗很难接受课程间的转换。汤姆决定和教育团队以及校长讨论这个问题。毫无疑问，校长本可以和汤姆一起追特雷弗，他也可以惩罚特雷弗。然而他并没有这么做，他把团队成员聚在了一起，使用了表9.1中描述的创意解难法解决这个问题。

表 9.1 创意解难法的实际应用

解决问题的步骤	汤姆和特雷弗的案例应用
1. 厘清事实	等他回来是没用的 至少要花 10 分钟才能把他带出操场 不管谁离开操场，他都不理不睬，接着玩自己的 他喜欢和朋友们玩追人游戏 他很难适应活动转换 从来没有人问过他需要什么
2. 发现问题	我们怎样才能帮助特雷弗愉快地结束课间休息，迅速地回来上课呢？
3. 找到思路	使用罚时出局 罚扣课间休息时长 给他一个计时手表 让同学帮忙，带领他去教室 看看他在外面到底能玩多久才回教室 压根不让他出去进行课间活动 做一张可以贴小贴画的表格（表现好就给小贴画） 多给他点课间休息时间
4. 找到解决方案	我们希望这个解决方案能……（满足何种标准） 1. 让学生在同学心目中留下更好的印象 2. 提高学生的独立性，或倡导同学间互相帮助 3. 引起学生的兴趣 4. 提升学生的归属感 5. 增加学生与同学的互动 6. 在组织安排方面切实可行
5. 确定可行措施	团队结合上述标准，最终确定了解决这个问题的方案。他们先和特雷弗碰面，问他怎么可以帮到他（他们给他提供了一份帮忙清单），特雷弗选了计时手表和同伴支持。团队给了特雷弗一个计时手表，让他找个同学，计时时间到的时候他就可以去找这位同学。当计时器响起的时候（离课间休息结束还剩 2 分钟），两个男孩找到了对方，然后一起去排队。问题就被解决了

来源：Giangreco, Cloninger, Dennis, and Edelman (2002); Osborn (1993).

来自融合教育领导者的经验之谈：如何坚持这份事业

要想持续领导融合教育一定要多种策略并用。经过十多年来对此课题的研究，我们意识到校长必须同时掌握专业方面以及自我照顾方面的策略，才能灵活地应对工作。下面我们将详细讨论这些重要的经验。

专业策略

我们把专业策略定义为领导者用于推进融合教育工作且能帮助他们持续工作的策略。这些专业策略包括以下内容：

- 进行目的明确且真诚的沟通。
- 建立管理者支持体系。
- 共同合作致力于改变。
- 进行专业进修学习。
- 建立关系。

进行目的明确且真诚的沟通

领导者在推进融合教育遇到阻力时，使用的第一个专业策略就是进行目的明确且真诚的沟通。学校领导者告诉我们，即使沟通无法立即见效，但是他们仍然相信，以能够体现自身愿景和价值观的方式进行沟通是有必要的。这种沟通可以通过不同的形式进行，可以是提出恰当的问题，或者是用幽默方式回应某些人的质疑。进行目的明确且真诚的沟通可以激发动力，推动融合教育工作的开展，向周围的人再次重申对于融合的坚持，并让其他人感觉到，虽然要实现某个改变还需要漫长的时间，但是大家也确实做了一些推动工作。有些时候，这种沟通意味着要提出恰当的问题；有些时候，这种沟通意味着需要解释已经做出的决定会带来的影响。

建立管理者支持体系

一直坚持融合教育的领导者们使用的另一个重要策略就是建立管理者支持体系。这些支持体系能为领导者们提供信息分享、情感支持、相互鼓励和协作解决问题的机会。泰勒校长是这样描述她建立起来的小型支持体系的：

> 我把我的同事们当作重要的资源。有那么几个人在建设真正的融合教育环境的议题上是百分百和我站在一起的。我们在工作中确实不能只靠自己单打独斗，所以这个支持体系真的有效，而且发挥了非常巨大的作用。我觉得我现在会更频繁地给这些同事打电话交流，我也学会了先不急着处理某件事情，而是和对方说："我需要一点点时间和我的同事们商量讨论一下。"我不一定要独自做决定。

为实现完全融合而奋斗的学校领导者都认为，拥有和自己聊得来的同事——那些和他们有着共同的理想，能被他们信任的同事——会让他们有一种被支持的感觉，而这正是他们所需要的。这些领导者带着明确的目的发展和运用这样的支持体系，以推进融合工作。更重要的是，这也是让他们能够坚持下去的方法。这样的支持网络能够帮助领导者驱散这份艰辛工作所带来的孤独感和隔离感。

共同合作致力于改变

帮助融合教育领导者坚持工作的另一个专业策略是给教职人员和社区成员赋能，这是他们在遇到重大阻力时常用的推进融合教育的方法。学校领导们意识到，让教职人员共同参与决策过程、给教职人员赋能可以让大家对共同做出的决定产生责任感。这样的方式会让领导者获得更多的支持，相应地，也会减轻领导者的压力。额外的压力不再由领导者一个人背负，而是由共同做出决定的群体共担。这个合作过程的其中一个环节就是，领导者要学习如何放权和信任其他教职人员。由教职人员决定哪些工作可以缓一缓，哪些工作是他们必须完成才能睡个好觉的。一位校长是这样总结这个策略的本质的："我必须要不断地评估，评估什么是现在有可能做到的，什么事情可以缓一缓，哪些事情可以交给其他人做，以及我需要做什么保持自己的身心健康。"融合教育领导者不仅要和他人一起合作，推动改变的进程，还要决定工作内容的轻重缓急。

进行专业进修学习

另一个专业策略是关于专业进修学习的。"我喜欢看书，我喜欢了解别人是怎样把事情做成的。"用纳塔莉校长的话来说，这个策略正是她和许多人的学习重点。终身学习能帮助领导者在面对严峻阻碍时更好地完成既定任务。一位校长如是说："我们在当教师的时候，经常组建读书学习小组，这种学习方式真的可以帮助我应对压力，起码能让我不再怀疑自己是否有足够的能力完成这件事情。"

建立关系

领导者在推进融合教育遇到阻力的时候使用的最后一个策略是建立关系。特雷西校长这样解释建立关系的重要性：

> 我花了大量的时间和家长、学生、教职人员建立关系。我这样做的目的非常明确，这有助于工作的推进。如果你和有问题行为的孩子建立了关系，如果你对他们很了解，如果他们喜欢你，那么你和他们打交道就变得容易多了……即使还有一些教职人员可能会对某个融合想法或者融合倡议持不同意见，但他们也会这样想：我不喜欢这样的想法，但是我知道特雷西校长是真的在乎我们的孩子们，我还是会接受他的提议，因为我相信他，我知道他是真心实意地想做好这件事。……建立关系，也会让我们的日子变得更加有趣，让工作变得更加快乐。你会觉得你是这个大家庭的一分子。所以我认为，建立关系毫无疑问是一种策略。一开始，我认为建立关系只是我工作的一部分，但后来我感受到，建立关系对我的情感健康方面也非常有帮助。

自我照顾

你在坐飞机的时候是不是曾听空乘人员这样对乘客说："如果发生紧急情况，你应该首先给自己佩戴好氧气面罩，然后再帮你的孩子戴。"这条规则背后的道理就是，万一飞机失事，你要确保自己有能力帮助你的孩子。如果你自己都没有氧气，你就无法帮助他们。所以从本质上说，自我照顾的意义就是：在工作之余充实自己，这样你才能在学校帮助和照顾好教职人员和学生们。

马斯洛（Maslow, 1999）提出，每个人都有基本的生理需求，这些需求包括氧气、食物、水、正常的体温。和所有人一样，你也需要让自己的需求得到满足，这样你才能帮助他人，满足他们的需求。也许，你需要带上健康的零食去学校，在一整天忙碌的工作中补充能量。也许，你需要带上你的水杯，这样你的身体才能一整天不缺水。马斯洛的需求层次理论中的第二个层次是安全与爱。让自己和充满爱心的人在一起，就会感受到他人的爱和支持。最后，你还需要每天晚上都有充足的睡眠。如果你又累又烦躁，你将更加难以为教职人员提供支持。这些需求都是每个人身心健康的核心。

接下来我们说说自我照顾的策略，我们亲眼见证过领导者用这些策略保证个人的精神健康，进而推进融合教育工作。这些策略和上文描述的专业策略有着显著不同。这些策略不是关于如何帮助领导者重新思考日常工作的，而是帮助他们保持良好情绪的。我们归纳了领导者使用的4个富有成效的自我照顾策略。

1. 生活重心在学校以外。
2. 参与能愉悦身心的活动。
3. 有规律地锻炼身体。
4. 帮助他人。

生活重心在学校以外

自我照顾的第一个策略是有意识地留出时间不想工作和学校的事情。梅格校长说这个策略曾帮助她"收获友谊并找到有共同志趣的人"。她还分享了自己照顾家庭的感受。

> 我有意识地保证自己有和孩子相处的亲子时间。我把工作的时间控制在……之间。无论我早上几点去学校上班，5:30也好，7:15也好，我最晚都会在傍晚5:00下班，从未有过例外……在保证我和孩子们的亲子时间上，极少有例外情况出现。

我们可以看出来，有意识地为学校以外的生活留出时间或确定工作和生活的明确界限是无比重要的，这有利于校长们与他们生命中重要的人维持良好的关系。这也有助于校长们把工作压力和巨大的责任控制在某个范围以内。

参与能愉悦身心的活动

自我照顾的另一个策略是参加让自己感到快乐的活动，这样做的目的是让你远离工作的压力。这些活动至少可以清除一部分由学校工作产生的压力或混乱感觉。特雷西校长是这样描述一个可以帮助他的活动的：

> 我们经常邀请朋友来家里吃饭。我特别喜欢下厨。做饭对于我而言是一个很好的解压方式。不知为什么，当我做饭的时候，我完全不会想学校的那些糟心事儿了。所以，虽然我增加了一项家务活，多了一项要做的任务，但我的内心得到了平静……这很可能就是我保持精神健康最有用的方法。

记得有意识地参加一些能愉悦身心的活动，这样可以为你提供清空杂念的机会。

有规律地锻炼身体

另一个自我照顾策略是保持足够强壮的身体，以应对高强度工作中的巨大压力。伊莱校长如是说：

> 我有运动的习惯，我认为体育锻炼非常重要……这虽然需要一点时间适应和形成习惯，但是你必须要挤出时间来运动。对于我而言，最佳的时间是早晨5点，所以几乎每天我都起得很早……我认为跑步无论是对身体还是对精神都是非常有益的。我还有一群一起跑步的朋友，这一点也很有帮助。

帮助他人

值得注意的是，照顾那些学校以外的人可能也是一种有效的自我照顾策略。完成某件实事的成就感和帮助某个与学校毫不相干的人的满足感会叠加在一起，所以我们看到有些学校领导者也会使用这种自我照顾策略。纳塔莉校长解释道："我经常关心我的邻居们……我们帮助他们剪草坪，我们为他们提供需要的东西，我帮他们打扫房子和清理院子……做这些事情让我觉得我在做着一些看得见摸得着的事情。"

会带来潜在伤害的行为

我们注意到，有一些教育领导者在融合教育工作中面临巨大阻力时会做出一些带来潜在伤害的行为（例如：加班、喝酒、单打独斗地完成工作）。我们无意对学校领导者进行评判，我们也不支持这些带来潜在伤害的行为。但我们有义务把看到的有害行为指出来，在短期内，这些行为可能看上去有用，但是存在长远的危害。无论你选择什么方法，尽可能让你的自我照顾方案是积极向上并且具有建设性的。我们也注意到，还有一些我们没有逐一讨论的策略（心理治疗、目标制订法、休假规划等）。我们建议你有目的地努力找出适合自己的策略并认识到这是一项长期的、终身的任务。

找到放松方式

自我照顾对于我们专注工作并在工作中找到平衡感是十分关键的。无论你是运用专业策略还是自我照顾策略,我们都希望你找到能够支持自己的工作与生活的方法。你可以在学校和生活圈子中建立起支持网络,尝试通过运动释放压力,如跑步、散步、骑车、爬山或者游泳,又或者尝试精神上的放松,如冥想、祈祷或者帮助你获得内心平衡的瑜伽。

你可能也会找一些让自己动脑筋的放松方式,如玩游戏、读书或者写作,又或者尝试一些更有创造性的释放方式,如油画、雕塑、素描、烘焙、烹饪、制作手账本,再或者就是创作某种东西,尝试享受一些宠爱自己的活动,如泡澡、按摩。运用这类自我照顾的策略会让人感到平衡、健康、平和。更多有关自我照顾的内容可以参考第九章附录中的自我照顾书籍清单[①]。每一个人都需要工作上和生活上的照顾,我们希望你尝试使用这些策略,思考如何照顾好自己并付诸行动。

正如我们所提过的,我们认为每个人都是学习者,特别是在自我照顾这个领域。在学校工作的教育工作者们要对这么多学生的教育负责,他们需要经常向学生学习,为学生学习。我们希望这本书能帮助你开启自我学习之旅。读了这本书之后,尝试运用这些策略吧,找到行得通的策略或者点子,然后反复使用。同时请记住,每一个场景,每一位学生,每一分钟都会带来新的东西,复盘某一个策略在什么时候起作用、如何起作用是非常重要的。道路无可避免是曲折的。一天结束,问一问自己以下几个问题:(1)今天的工作中有哪些是有用的?(2)哪些没有起作用?(3)明天我会做出哪些不一样的尝试呢?

我们将以一份崭新的学校领导者的职位描述作为本书的结尾——呼吁大家换种方式做事情。感谢你读完本书。在建立和不断推进融合教育的事业中,在帮助学生充分发挥他们的学业潜力和社交潜力的道路上,我们祝你们好运!

[①] 编注:关注"华夏特教"公众号,获取相关线上资源。

如何真正地建立和支持一所融合教育学校：
学校领导者的职位描述

认识你自己。建立愿景。接纳每一位学生。倾听学生的声音。倾听教职人员的声音。倾听家人的声音。观其行，听其言，学其长。设立一个融合的方向。大胆作为，谨慎行事。

要让每一位学生、每一位教职人员、每一个家庭都有归属感。给予他们发挥潜能的空间，在他们身边随时给予支持。充满热情，严格要求。要怀着每个人都能学好的期望，也要预知可能存在的困难。允许他们失败，鼓励他们独立自主。爱所有人，忌大声斥骂。真心对人，尊重他人，温和待人。坚持在一线，质疑不公。言必信，行必果。

多问别人："你需要什么？""我们可以怎么做才能让这位学生融入我们学校？""我们还需要怎么做才能更好？""我帮助你最好的方式是什么？""我们要赞扬什么？""我们为谁提供了很好的服务？""我们为谁提供的服务不够好？"

铭记残障儿童首先是人。

随身携带足够的纸巾。当学生伤心的时候，拭去他眼角的泪水。当教职人员伤心的时候，倾听与支持。帮助学生交朋友，帮助教职人员建立团队。相信友谊确实存在，相信合作是可以做到的。让学生们一同创造，一起欢笑，一起玩耍。允许教职人员一起创新，一起思考，一起辩论，一起开心。鼓励大家相互依靠。永远相信大家的能力。根据事实赋予行为最有可能的正向动机。启发好奇心，设定高期望，忌全包全揽。对抗不公。

学生们开心时，悄然退下。教职员工快乐时，一起庆祝。学生家庭高兴时，一起庆祝！轻松上阵。不断学习。向教职人员、学生及其家庭分享正能量故事。帮助学生获得成功，创造条件让全体师生共同努力奋斗。创造机会让所有家庭互帮互助，而不仅仅是那些常来参与学校活动的家庭。

当学生遇到困难时，善意地为他们指明方向。深呼吸，积极参与，期望每个人都能成功。轻言细语，默默鼓励，循循善诱。用爱引领，静待花开，行事大胆，接纳每一个人。

读后随感

作者简介

朱莉·考斯顿博士（Julie Causton, Ph. D.）

融合教育专家，致力于建设与维护融合教育环境。美国雪城大学教育领导学系融合教育专业教授，负责教授融合教育、差异教学、特殊教育法以及协作教学等课程，曾在《行为障碍》(*Behavioral Disorders*)、《教育公平与卓越》(*Equity & Excellence in Education*)、《特殊儿童》(*Exceptional Children*)、《融合教育国际期刊》(*International Journal of Inclusive Education*)、《儿童教育研究》(*Journal of Research in Childhood Education*)、《艺术教育研究》(*Studies in Art Education*) 以及《特殊儿童教育》(*TEACHING Exceptional Children*) 等期刊上发表多篇论文。朱莉还与家庭、学校以及学区直接合作，努力打造真正的融合教育环境，参与指导校长领导力暑期学习班，专门探讨教育公平和融合教育相关问题，还与人一起主持了一个教育改革项目——未来教育。

乔治·西奥哈瑞斯博士（George Theoharis, Ph. D.）

美国雪城大学教育学院副院长，教育领导学系教育领导力和小学融合教育方向副教授，教授教育领导力及小学/幼儿教师教育的相关课程。他曾经是公立学校的校长和老师，拥有丰富的一线经验。他的兴趣、研究及工作重点集中在K-12学校教育问题中的公平、公正、多样性、融合、领导力，以及学校改革等方面。他的著作《配得上孩子们的学校领导》(*The School Leaders Our Children Deserve*，哥伦比亚大学师范学院出版社，2009年) 是一本关于学校领导力、社会公正及学校改革的书。他也是《每一位校长都需要知道如何创设优秀且公平的学校》(*What Every Principal Needs to Know to Create Excellent and Equitable Schools*，哥伦比亚大学师范学院出版社，2013年) 一书的编辑之一。乔治曾在《教育管理季刊》(*Educational Administration Quarterly*)、《教育领导力》(*Educational Leadership*)、《教育公平与卓越》、《融合教育国际期刊》、《学校领导力期刊》(*Journal of School*

Leadership)、《特殊教育领导力期刊》(Journal of Special Education Leadership)、《治疗教育与特殊教育》(Remedial and Special Education)、《学校管理者》(The School Administrator)、《师范学院记录》(Teachers College Record)以及《城市教育》(Urban Education)等期刊上发表多篇论文。他参与指导校长领导力暑期学习班，专门探讨教育公平和融合教育相关问题，还与人一起主持了一个教育改革项目——未来教育。

This is a translation of *The Principal's Handbook for Leading Inclusive Schools*.
Originally published in the United States of America by Paul H. Brookes Publishing Co., Inc. Copyright © 2014 by Paul H. Brookes Publishing Co., Inc.

北京市版权局著作权合同登记号：图字 01-2022-6657 号

图书在版编目（CIP）数据

融合教育学校校长手册 ／（美）朱莉·考斯顿 (Julie Causton)，（美）乔治·西奥哈瑞斯 (George Theoharis) 著 ；邹蜜译. -- 北京 ：华夏出版社有限公司，2025. -- （融合教育实践系列）. -- ISBN 978-7-5222-0771-1

Ⅰ. G471.2-62

中国国家版本馆 CIP 数据核字第 20249K219T 号

融合教育学校校长手册

作　　者	［美］朱莉·考斯顿　　［美］乔治·西奥哈瑞斯
译　　者	邹　蜜
责任编辑	马佳琪　李傲男
出版发行	华夏出版社有限公司
经　　销	新华书店
印　　装	三河市少明印务有限公司
版　　次	2025 年 1 月北京第 1 版 2025 年 1 月北京第 1 次印刷
开　　本	787×1092　1/16 开
印　　张	10.75
字　　数	180 千字
定　　价	59.00 元

华夏出版社有限公司　地址：北京市东直门外香河园北里 4 号　邮编：100028
网址：www.hxph.com.cn　电话：（010）64663331（转）
若发现本版图书有印装质量问题，请与我社营销中心联系调换。